Isabel

"No te desesperes)
Nadie nació aprendiendo y
a ser padres-¡ la vida y
los mismos hijos son lo que nos
enseñan-¡ Y este libro te
va a ayudar Sierto b
tu hermano
Bondrano

FREE SEX?

la pregunta de hoy

INTELIGENCIA SEXUAL EN EL SIGLO 21

DIAMANTE

LA EDITORIAL DE LOS VALORES

Carlos Cuauhtémoc Sánchez

ISBN 978-968-7277-79-0

Derechos reservados: D.R. © Carlos Cuauhtémoc Sánchez. México, 2008. D.R. © Ediciones Selectas Diamante, S.A. de C.V. México, 2008. La editorial de los valores. Mariano Escobedo No. 62, Col. Centro, Tlalnepantla Estado de México, C.P. 54000, Ciudad de México. Miembro núm. 2778 de la Cámara Nacional de la Industria Editorial Mexicana.

Tels. y fax: (0155) 55-65-61-20 y 55-65-03-33

Lada sin costo: 01-800-888-9300

EU a México: (011-5255) 55-65-61-20 y 55-65-03-33

Resto del mundo: (0052-55) 55-65-61-20 y 55-65-03-33

Correo electrónico: info1@editorialdiamante.com

ventas@editorialdiamante.com

Ilustrado por Alejandro Reyes Gómez

Diseño gráfico: L.D.G. Leticia Domínguez Castañeda

www.editorialdiamante.com

www.carloscuauhtemoc.com

IMPRESO EN MÉXICO / PRINTED IN MEXICO

FREE SEX?

LA PREGUNTA DE HOY

Carlos Cuauhtémoc Sánchez

temas

Es peligroso pero me gusta

Vamos a reflexionar sobre noviazgo y sexo.

Si eres estudiante de bachillerato hasta universidad, o adulto soltero, analicemos juntos los recovecos de un romance, un orgasmo, un *free*, un ligue por Internet, una relación homosexual y otras prácticas parecidas.

Será divertido.

La etapa que estás viviendo es riesgosa y deliciosa al mismo tiempo.

Cuando mi hija mayor ganó sus primeras competencias de equitación, alguien le preguntó qué significaba para ella conducir un caballo tan colérico; la niña de siete años, contestó: "Es peligroso, pero me gusta".

Hoy, enamorarse, puede resultar peor que subirse a un potro salvaje. El noviazgo, los *frees* y el sexo, suceden a toda velocidad. Hay pasión, placer, riesgo, caídas...

¿Cómo lo sé?

Diariamente recibo decenas de correos electrónicos. En muchos de ellos mis jóvenes lectores se desahogan. Me hablan de sus enamoramientos, sus decepciones, sus aventuras sexuales y sus alegrías en el noviazgo. Soy un privilegiado de tener tantos amigos jóvenes.

Hace poco, estaba haciendo la revisión de mi libro *Juventud en éxtasis 2*. Detecté que las formas han cambiado. El libro merecía meterse a una licuadora, recibir ingredientes nuevos, ser sometido a un proceso de filtrado y brindar un zumo distinto. Decidí reescribirlo, conservando los principios, pero modernizando los temas por completo. Así nació ***FREE SEX? LA PREGUNTA DE HOY.***

Aquí hallarás datos concretos, científicos, objetivos. No intentaré convencerte de nada ni de darte directrices morales. Ese es el trato que te gusta recibir. Tú puedes tomar tus decisiones. De antemano las respeto y las elogio, porque lo más loable de un joven es que tenga el control de su vida.

Si decides casarte a los diecinueve años, a los treinta y cinco o no casarte nunca, está bien, *mientras sepas* lo que estás haciendo. También está bien si decides masturbarte tres veces al día, tener cuatro noviazgos a la vez o irte a vivir con una pareja de tu mismo sexo, ***siempre y cuando***, las decisiones que tomes sean informadas y te hagan sentir una persona *honorable*. En este punto sí voy a ser insistente. Te lo digo con anticipación. La *dignidad sexual* será nuestro hilo conductor. El resto se conformará de información.

Con esa lógica diremos que tener una relación ardiente con tu pareja es como estar sobre un caballo muy nervioso. Puede darte satisfacciones, pero también puede matarte.

En la cima de su carrera ecuestre, mi hija tuvo un accidente que casi le quitó la vida. Su yegua perdió la distancia en un obstáculo triple, cayó sobre el oxer final y dio la maroma completa rodando varias veces sobre su amazona. Todos pensamos que la niña estaría aplastada y con varios huesos fracturados. Fue un milagro verla volver en sí y respirar de nuevo. Desde entonces, las cosas cambiaron. Sigue disfrutando los caballos, pero en lo más hondo de su mente aprendió a ser precavida con las ofertas deliciosas de la vida.

Quizá este libro te ayude a hacer lo mismo.

Más que nunca estarás consciente de todas las implicaciones que tiene vivir en tu mundo juvenil arriesgado y delicioso a la vez, respecto al que sin duda podrás decir esa curiosa frase, que se hizo célebre en mi familia.

"Es peligroso, pero me gusta".

1

No doy una en el amor

Vayamos al grano de inmediato.

A ti te hace falta una pareja, pero ¿qué prefieres?

¿NOVIAZGO O FREE?

Ésta es la definición de noviazgo:

Dos grandes amigos de sexos opuestos[1] que se enamoran y hacen un pacto temporal para ayudarse, respetarse y tratarse con cariño de forma exclusiva.

¿Suena complicado? Tal vez. Por eso el noviazgo está pasando de moda. Hoy, casi nadie quiere comprometerse en *exclusiva* con una relación de ayuda, respeto y trato afectivo. Muchos dicen "¡qué flojera!"

¿Mejor "amigos cariñosos"?

A las relaciones "modernas", que no implican responsabilidad, algunos les llaman *frees*.

1. El término "noviazgo" por tradición es usado para describir la relación de un hombre y una mujer solteros; es muy poco frecuente entre homosexuales, por lo regular ellos se refieren entre sí simplemente como "mi pareja".

Un *free* se define como la unión eventual de dos conocidos que deciden besarse, acariciarse o aún tener sexo, sin que entre ellos exista amor de por medio.

Los *frees*, son relaciones súper frecuentes hoy en día. Las vemos a diario en la televisión y en el cine. Es la forma "normal" de unirse en pareja según las películas. Al coqueteo le siguen besos y sexo.

Los *frees* han dejado de ser un cuento de Hollywood para convertirse en un estilo de vida muy apetecible. ¿No te ocurre a veces que cuando miras ciertas escenas, se te hace agua la boca? ¿Te has imaginado que protagonizas esa película y besas al artista de tus sueños o te acuestas con él o ella?

El bombardeo mental ha hecho que los *frees* se vuelvan populares.

Quienes participan de un *free* tienen prohibido en su propio código, decir *te amo*; ambos saben que entre ellos no hay compromiso y mucho menos amor. Por otro lado, en los *frees* se permite mantener relaciones afectivas con otras personas al mismo tiempo.

Si tu supuesto novio o novia tiene otras parejas además de ti, o si sólo desea experimentar besos, caricias o sexo, sin ninguna responsabilidad, tú estás viviendo un *free*.

El *free* parece muy atractivo.

Los cuerpos se satisfacen sin obligación para los participantes.

Es como si alguien con mucha hambre, llegara a un restaurante de bufé, se sirviera a placer y saliera del lugar sin pagar. Suena bien, siempre que no lo atrape la policía.

Si pudiéramos resumir en una sola frase toda la filosofía de superación humana sería ésta: "nada es gratis". *Nada*. Y mucho menos el sexo.

La palabra "*free*", se traduce al español como "libre", y también como "gratis".

En el capítulo titulado *¿Qué con el free?*, analizaremos cómo una relación de este tipo es todo, menos gratis... Un *free* tiene costos muy altos e impredecibles. Por lo pronto dejemos establecido esto: cuando tienes novio o novia sabes en lo que te metes y a lo que te comprometes, pero en un *free* ignoras el precio que debes pagar;

TO FREE OR NOT TO FREE?

por ese simple hecho, el noviazgo es una relación más segura.

> Teóricamente te debería ir mejor si tienes un noviazgo que un *free*, pero hay quienes no dan una en el amor…

Muchas veces el noviazgo también sale mal.

Lee el siguiente testimonio de una joven de diecisiete años:

Subí fotos sensuales a mi página personal punto com. Hasta tomé unas bañándome. Claro que sólo se me veían los hombros y la cara mojada. Mis amigas me mandaron notas por e-mail diciendo que me estaba promoviendo demasiado, pero luego ellas también hicieron lo mismo en sus páginas.

Mis contactos, hombres, crecieron. Comencé a hacerme popular en la red. Hacía mi tarea chateando con cinco o más al mismo tiempo. Coqueteaba con todos. Ellos también me decían cosas fuertes. Cuando se pasaban de la raya, dejaba de contestarles por varios minutos. Luego casi siempre se disculpaban y volvían a empezar. Me reía mucho frente a la computadora y mamá preguntaba por qué me causaba tanta gracia hacer la tarea, pero yo ocultaba la página del chat cuando ella se acercaba.

Después de un tiempo empecé a recibir invitaciones a salir. Yo decía, en mi casa, que tenía que hacer trabajos en equipo. Así salía. Acepté un poco de roce con varios de mis amigos. Tú sabes. Besos y caricias, pero un día las cosas se salieron de control y uno de ellos se puso como loco. Casi me viola. Me asusté mucho. Se lo platiqué a una compañera. Ella dijo que me convenía más tener un novio, porque en el noviazgo las cosas salen mejor. Eso se me quedó muy grabado. Así que cada vez que un amigo quería tener contacto físico conmigo, yo le ponía como condición que fuéramos novios. Uno de ellos se me declaró al fin y yo acepté. Al principio fue increíble. Me trataba con más respeto y perdí la cabeza por él. Era un chavo súper guapo. Cuando me pidió que tuviéramos relaciones, acepté. Estaba enamoradísima. Hasta llegué a creer que a lo mejor nos casaríamos algún día. Se lo dije, y como que se molestó, porque dejó de invitarme. Después supe que andaba con otras. Los celos me mataban. Yo sólo pensaba en él. Era mi mundo. Logré acaparar su atención de nuevo y cada viernes nos íbamos de antro. Yo tenía muchos problemas con mis papás porque regresaba tarde, pero mi novio siempre decía que todos los padres son iguales y no entienden a los chavos.

EXPULSADA BABY...

ADONIS CLUB

Él tenía un carácter fuerte. Un día que le reclamé porque de plano lo vi coqueteando con otra tipa en mis narices, hasta me gritó, y me dijo que estaba cansado de mi inseguridad. Me cortó, y a pesar de que le rogué que no me dejara, se portó grosero. Él nunca fue romántico, pero se aprovechó de que yo estaba muy clavada para hacerme como quiso. Ya pasó un año y no puedo olvidarlo. Tengo un sentimiento de culpa porque no sé cómo lo dejé ir.

A la joven del caso anterior le fue mal con sus *frees*, pero le fue peor con su novio. No daba una en el amor. ¿Por qué?

Analicemos primero el tema del noviazgo. Una relación de este tipo puede tener muchos problemas, aunque todos se resumen en tres:

LOS ERRORES DEL NOVIAZGO

Si conoces de antemano estos tres errores, podrás prevenirlos:

Absolutismo.

Premura sexual.

Idealización.

1. Absolutismo.

¿Crees que tu novio o novia es todo (absolutamente) en tu vida?

¿Durante el día completo sientes alegría, tristeza, enfado o preocupación por cómo van las cosas en tu noviazgo?

¿Tienes un gran temor a perderlo?

¿Piensas todo el tiempo en él o ella, sin que puedas evitarlo?

¿Te estás volviendo una persona posesiva y celosa?

Los involucrados en noviazgos absolutistas pasan demasiadas horas juntos. Uno de ellos o ambos, no soportan estar separados; se llaman por teléfono, se envían mensajes al celular, o *e-mails* continuamente; no hacen nada sin que el otro lo sepa, o participe. A la larga se sienten prisioneros, sin libertad, perseguidos, asfixiados. Pierden individualidad, independencia y espacio íntimo.

El absolutismo es lo que en fútbol se llamaría "marca personal". Y en psicología "dependencia enfermiza".

Esta malformación del noviazgo, tarde o temprano termina en ruptura y heridas emocionales.

2. Premura sexual.

Ocurre cuando "tu cuerpo" se enamora de "otro cuerpo". Suena raro, pero sucede con mucha frecuencia.

Tú no eres animal (porque posees también una parte espiritual), pero sí tienes un cuerpo con instintos y deseos como los de cualquier animal.

Dos personas que no se conocen, podrían tocarse y llegar a tener relaciones sexuales, porque los cuerpos de un hombre y una mujer se atraen por instinto. Es una cuestión biológica.

Con esto en mente, piensa: los cuerpos de algunos novios tienen tanta química que se atraen de forma exagerada.

Puedes identificar cuando tu noviazgo está enfermo de *premura sexual* si, el cerebro se les desconecta a ambos y sólo quieren fusionarse en besos y abrazos.

Quizá digas: "sí, nos ocurre eso, pero es delicioso", el problema es que no has analizado la peligrosidad del principal síntoma: el cerebro se desconecta, y dos personas excitadas, con tanta atracción, son incapaces de pensar con claridad, así que se vuelven terriblemente vulnerables.

¿No concibes una cita en la que tu pareja y tú sólo platiquen o convivan, pues la razón principal (y única) de estar juntos es excitarse con sus caricias mutuas?

Si es así, su noviazgo padece de premura sexual y tarde o temprano va a llevarte a una profunda decepción.

3. Idealización.

¿Imaginas que tu novio o novia posee cualidades extraordinarias de las que en verdad carece? Te tengo malas noticias. Estás idealizando.

Dicen que el amor es ciego. Mentira. La idealización lo es.

Todo está en tu mente. Has inventado un ideal que no existe. El problema clave aquí es tu imaginación.

Te enamoras del amor. Amas a un simple transeúnte suponiendo que es la persona perfecta.

Cuando idealizas, te sientes loco o loca por alguien a quien no conoces a profundidad y supones que contiene una esencia extraordinaria.

La idealización te impide ver los defectos del otro y te hace tolerar malos tratos, vicios, infidelidades o desprecios, creyendo que todo está bajo control, o que la otra persona va a cambiar.

Si leíste el libro *Los ojos de mi princesa*, recordarás que el protagonista amaba a una compañera de su escuela de manera incondicional y sin límites. La idolatraba. Hizo todo por alcanzarla; como le ocurre a los que sufren idealización, este personaje voló muy alto, y después cayó de forma tan terrible que estuvo a punto de enloquecer.

El enamoramiento por idealización, es la primera causa de suicidios amorosos y depresión en los jóvenes.

Es un poco tosco, pero yo lo haré cambiar

Concluyendo.

Ya tenemos un panorama muy completo de lo que *no* es el noviazgo:

—No es un *free*.

—No es una relación absolutista.

—No es una relación de premura sexual.

—No es una idealización.

Ahora estudiemos lo que *sí* es.

2

¡Quiero
pareja!

Te has preguntado, ¿por qué te cuesta tanto trabajo encontrar a la persona adecuada? ¿Dónde está? ¿Por qué se te escapa?

No quieres jugar con los sentimientos de los demás, no buscas dañar ni sufrir daño; pero ¿hasta ahora las cosas te han salido mal?

¿Conoces gente buena, y aún así, a veces te sientes como en un desierto de soledad?

¡Necesitas una pareja!

Más adelante hablaremos ampliamente de la opción *free*, así que en este capítulo analizaremos la alternativa NOVIAZGO.

Veamos de nuevo la definición.

El noviazgo es un pacto temporal que hacen dos excelentes amigos de sexos opuestos, para ayudarse, respetarse y tratarse con cariño de forma exclusiva.

El trato es claro.

NOVIAZGOS CONSTRUCTIVOS

Desglosemos la definición.

1 Ambos son excelentes amigos que hacen un pacto temporal:

2 De trato cariñoso.
3 De ayuda mutua.
4 De respeto.
5 De exclusividad.

1. Excelentes amigos.

Con un verdadero amigo puedes charlar durante horas. Te sientes cómodo (a) a su lado. No hay nerviosismo, fingimiento ni temor.

Los amigos se comunican a nivel profundo, pueden pasarla bien, sin necesidad de estar tocándose o besándose siempre.

Los amigos confían uno en el otro y disfrutan su compañía.

Sin amistad previa, es absurdo que dos personas se vuelvan novios.

Los novios, primero que nada, deben ser los mejores amigos.

Para que exista un noviazgo constructivo, antes, debe haber una buena amistad.

2. Trato cariñoso.

Cuentan de dos jóvenes que decidieron casarse. Ella era una gran soprano, verdadera virtuosa del canto, pero a él no le gustaba mucho físicamente. En la primera mañana de su luna de miel, ella despertó a su lado, tal como era, sin maquillaje y con la cara hinchada de dormir. Entonces, él la tomó por los hombros, la sacudió y le pidió, desesperado: ¡Mi amor, por lo que más quieras, canta!

Observa a una persona cualquiera, de sexo opuesto. Ahora imagínate besándola en la boca. ¿Te da un poco de asco? Claro, porque no puedes tener un trato íntimo con cualquiera, ni aunque sea tu mejor amigo.

Para iniciar un noviazgo, se requiere amistad previa pero no basta con ella. Se necesita también la atracción química que propicia el trato cariñoso.

Tratar cariñosamente a alguien es tener gestos y actitudes de amor únicas y especiales, que no usarías con nadie más.

El trato cariñoso se compone de palabras, roces, besos y abrazos. Puede provocar en mayor o menor medida, excitación sexual.

Como los novios verdaderos son buenos amigos y saben comunicarse, se ponen de acuerdo respecto a cuales son las caricias que prefieren y las que no desean.

El tema de las caricias íntimas en el noviazgo es tan interesante que vale la pena estudiarlo en un capítulo aparte.

Ya dijimos que los novios mantienen amistad previa y trato cariñoso. ¿Qué falta?

3. Ayuda mutua.

Tú tienes objetivos, sueños, anhelos. Imaginas un futuro de éxito y felicidad. Quieres una vida extraordinaria. Pero lograr eso no será fácil. Sabes que necesitas hacer cosas específicas que te lleven hacia ese futuro.

Un novio o novia de verdad, te apoyará para estudiar, entrenar, participar en concursos o presentaciones y enfrentar retos. También te motivará a que convivas con tus padres y hermanos e incluso a que te superes espiritualmente.

Lo mismo harás tú para él o ella, porque también merece triunfar y realizarse; necesita ayuda.

Recuérdalo: El noviazgo constructivo es una relación en la que ambos se brindan apoyo para ser mejores personas y alcanzar sus metas individuales.

4. Respeto.

¿Sabes que tu autoestima depende mucho de cómo te tratan las personas que amas?

Si tu novio o novia te desprecia, te dice majaderías o palabras que te ofenden; si te hace sentir ignorante, culpable o con miedo; si te infunde la sensación de que vales poco o de que eres como su sirviente, ¡reacciona! Estás sufriendo maltrato en el noviazgo.

Una relación de pareja en la que no existe cortesía mutua, es dañina y debe terminarse.

¡ERES UNA BURRA!

Los novios constructivos se respetan de verdad, hablándose con propiedad; sin usar gritos, insultos, amenazas, empujones o golpes. Se sienten valiosos y dignos al estar juntos.

Gracias a tu noviazgo, deberías considerarte una persona más respetable (y no al revés).

5. Exclusividad.

En un *free*, no hay compromiso de fidelidad. Las personas pueden salir con diferentes "amigos cariñosos" durante el mismo lapso.

En el noviazgo las cosas son distintas.

Por definición, sólo puedes tener un novio o novia a la vez.

Ser infiel en el noviazgo es equivalente a mentir, jugar con los sentimientos de alguien más y degradarte.

La exclusividad es el fundamento central del noviazgo. Te haces novio o novia de alguien para tener un trato afectivo **único**. Mientras dure su noviazgo, estarán apartados el uno para el otro.

NOVIAZGOS CONSTRUCTIVOS

Los noviazgos constructivos no están enfermos de absolutismo, idealización o premura pasional. Por el contrario, son relaciones que brindan espacio, dan tiempo y libertad. Facilitan los estudios, el trabajo, el deporte, la unión familiar y el desenvolvimiento social.

En los noviazgos constructivos no hay maltrato, manipulación, amenazas, culpa, miedo, celos o control excesivo. Al revés. Existe trato agradable, confianza mutua y sensación de alta autoestima. Ninguno de los dos se empecina en besos profundos, caricias genitales y relaciones sexuales.

El noviazgo constructivo tiene reglas, favorece el progreso individual, motiva, resuelve conflictos emocionales.

En resumen: el noviazgo constructivo brinda paz interior.

¿Te ha costado trabajo encontrar novio o novia?

¿Te sientes triste porque otros estrenan noviazgos cada semestre y tú ni siquiera has tenido uno que valga la pena?

Relájate. Ésta es una de las áreas de la vida en la que no hay ninguna prisa. Más vale la calidad que la cantidad.

Tener noviazgos destructivos hiere tu dignidad, tu autoestima y tus sentimientos.

Si eres emocionalmente sano o sana, ¿para qué quieres lastimarte? ¿Qué afán de entregar tu corazón a alguien que no lo merece?

Tarde o temprano conocerás a la persona que anhelas, y vivirás un noviazgo que te haga sentir honorable y con dignidad.

3

¿Amor mío, donde estás?

Toño era un joven muy romántico. Le gustaba componer canciones y tocar la guitarra. Pertenecía a una religión estricta en la que no se permitía tener novio, a menos que hubiera intención de matrimonio inminente.

Toño se dedicaba a estudiar y a ensayar en el grupo musical de su iglesia. Conocía a pocas chicas, pero estaba convencido de que su pareja ideal llegaría por gracia divina.

Cuando cumplió veintiséis años, los dirigentes de la congregación religiosa consideraron que ya era tiempo para Toño de casarse. Él nunca había tenido novia formal, así que le consiguieron una. A manera de profecía, le dijeron que Lorena, la gordita que tocaba el pandero, era la mujer indicada para él. Toño no estuvo de acuerdo, al principio, pero poco a poco se acostumbró a la idea. Lorena también aceptó los designios y se casaron.

Hoy en día tienen tres hijos y una vida relativamente estable, pero jamás ha habido fuego ni pasión en su matrimonio. En el fondo, son infelices.

Ambos se reservaron demasiado en su juventud esperando al príncipe o a la princesa ideal, y dejaron que, al final, otros decidieran por ellos.

¿CUÁNTAS PAREJAS TENDRÉ ANTES DE CASARME?

Sin duda, lo ideal sería que tu primera pareja fuera perfecta para ti, pero eso casi siempre resulta utópico. Recuerda la frase popular que asegura "todos los extremos son malos". Tan ineficaz es tener demasiados romances como ninguno. ¿De qué forma vas a sopesar las diferentes opciones de trato y personalidad en tu pareja si no conociste a nadie más? ¿Cómo y con quién vas a casarte si, antes, no tienes al menos un par de opciones para compararlas?

¡Te puedes equivocar al elegir a un novio o novia, pero no a un esposo o esposa!

Un buen noviazgo te da responsabilidades de adulto joven. Te permite ver tus propios defectos y te motiva a superarte. También te da una nueva perspectiva de lo que en realidad deseas para ti en materia de amor.

El noviazgo constructivo te hace crecer porque te obliga a participar en un nuevo rol: *el de pareja*.

¿Y DONDE CONSIGUES UN BUEN PARTIDO?

¿Te has cansado de buscar?

¿En el sitio donde te desenvuelves no hay nadie que valga la pena o te llame la atención?

Pues muy simple:

Ensancha tu territorio.

Dentro de tu *cerradísimo círculo de vida*, los prospectos escasean y eso te deprime.

¡Despierta!

Tú no naciste para esas cuatro paredes de confinación.

Decide participar en excursiones con otros grupos, retiros juveniles en nuevas zonas, competencias intercolegiales, reuniones de distintas comunidades. Viaja. *Muévete*. Preséntate en público y atrévete a ser una persona más vista, más vigente en donde haya muchos jóvenes...

Elige el lugar al que vas a asistir.

Pregúntate: *¿Qué sitios frecuentará el hombre o la mujer de mis sueños?*

No olvides que casi siempre la ideología de la gente coincide con el medio que frecuenta.

Planea.

¿Quieres una pareja atleta? ¡Entrena y asiste a competencias de tu deporte favorito!

¿Deseas a alguien intelectual? ¡Ve a bibliotecas, veladas literarias o a competencias académicas!

¿Te apetece una persona que milite en determinado grupo político? ¡Inscríbete en actividades de asociaciones similares!

¿Buscas a alguien darketo, emo, punketo, rockero, metalero o cacerolaero?, ve a antros o fiestas de ese gremio.

¿Quieres un campeón de baile? Bueno... pues ya sabes. Baila y saca a alguien a bailar.

ENCUENTRA A TU PAREJA Y CONQUÍSTALA

¿Matrimonio y mortaja del cielo bajan?

¡Lo dudo! Por lo menos en la parte del matrimonio.

Tú te casarás con quien elijas.

Puedes echarle la culpa a otros de los malos matrimonios que ves por ahí, pero, la verdad, cada quien elige a su pareja y decide como llevar su relación.

La persona de tus sueños no te llegará a la puerta.

Tienes que salir a buscarla.

Cuando yo era soltero le pedí a la divinidad que me enviara a una mujer *a mi medida exacta*.

Hice un pacto. Yo escribiría un libro formal, completo y de calidad. Al acabarlo, conocería a la mujer de mis sueños. Durante cinco años me dediqué a escribir. Cuando logré terminar y puse el punto final al libro (una novela larga llamada "Sheccid") salí al parque, me senté en una banca y esperé. Estaba convencido de que la mujer más extraordinaria aparecería en cualquier momento. Se hizo de noche. Nunca llegó. A partir de ese día, todas las tardes salí al parque y me senté en la misma banca a esperar.

Algunas mujeres de antaño ponían a San Antonio de cabeza. Yo hice algo parecido. Escribí un libro, hice un ruego y esperé que el amor llegara. No sucedió. No conseguí novia. Sin embargo, con ese libro gané un premio nacional de Literatura. Juan Rulfo avaló la calidad de mi trabajo y se me abrieron muchas puertas. Entonces comencé a conocer mujeres. De todo tipo; ahí fue cuando tuve la oportunidad de conquistar a una, *a mi medida exacta.*

¡OH DIOS! ¿CUANDO ME ENVIARÁS UNA NOVIA?

No pierdas de vista el punto clave: ¡Yo *ya no estaba encerrado* en las cuatro paredes de mi cuarto, escribiendo! Había salido al mundo con un libro de setecientas páginas bajo el brazo y un diploma firmado por el presidente de mi país, bajo el otro.

¿Dios me ayudó a hallar una gran mujer? Bueno. Quienes tenemos fe creemos que nada sucede por casualidad, pero yo estoy convencido de que al final, invariablemente, nosotros tomamos las decisiones cruciales. El "sí" o el "no" es nuestra responsabilidad única. De nadie más.

¿Eres mujer y te han dicho que esperes sentada?

¿Crees en el mito tradicional de que las mujeres decentes permanecen pasivas para ser elegidas? ¿Y no te parece una costumbre degradante? ¿Acaso no vales igual que cualquier hombre y eres capaz de pensar, sentir o decir lo que quieres?

Mujer, ¡tú también puedes conquistar a tu pareja!

Hazlo de manera inteligente.

No olvides que a los hombres les gusta, por naturaleza, liderar y perseguir. Si te muestras perseguidora o rendida a los pies de un hombre, es posible que él pierda todo el interés en ti. Aprende a jugar el juego de la presa suculenta que se muestra interesada y alcanzable, pero después desaparece. Haz que el hombre de tus sueños te persiga.

Insisto. No será fácil. Requerirás de estrategia y acción. Rara vez llegará a tus manos, sin ningún esfuerzo, algo o alguien que de verdad valga la pena. Lo bueno hay que buscarlo.

Una vez escuché a un chico decir que todas las mujeres valiosas que conocía, estaban casadas o tenían novio. No es siempre así, pero si te sucede, dejemos esto en claro: en aras de la dignidad y honorabilidad jamás deberás enamorarte o buscar el afecto de una persona casada. ¡Olvídate por completo de ese sector de la población!, pero del resto no hay nada escrito.

Si hallas a alguien que reúne tus requisitos, deja que se fije en ti. Con mucha posibilidad tendrás que competir por la mujer o el hombre de tus sueños. Esto es lo interesante en la juventud. El juego de contender, cambiar de opción y elegir la mejor, es permitido y aceptable. Pero juega con elegancia y discreción si no quieres que te rompan la nariz.

Fíjate bien a quién conquistas.

El ego puede causarte una mala broma. Si te sientes rechazado o rechazada, quizá llegues a obsesionarte y trates de conquistar a alguien a toda costa. No lo hagas.

A veces cuando ganas pierdes y cuando pierdes ganas.

Lograrás tu verdadera dignidad sexual si te relajas y usas la cabeza. No porque conozcas a una persona atractiva, significa que es para ti. Afina tu puntería. Te diré cómo...

4

Afinando la puntería

Si te enamoras de quien no te conviene, *tienes mala puntería.*

Muchísimas personas incompatibles, con valores opuestos y visiones distintas viven juntas sólo para hacerse sufrir... No eran el uno para el otro.

Con frecuencia *elegimos mal desde el principio.*

También solemos perseguir a alguien que no siente el menor interés por nosotros.

¿Te has enamorado de una persona a la que no le gustas, mientras de ti se enamoran quienes no te gustan?

¿A qué se debe este pésimo tino?

Sor Juana Inés de la Cruz explica el problema.

Feliciano me adora y le aborrezco;
Lisardo me aborrece y yo le adoro;
por quien no me apetece ingrato, lloro,
y al que me llora tierno, no apetezco.

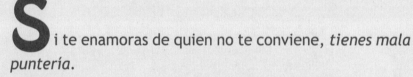

Al que ingrato me deja, busco amante;
al que amante me sigue, dejo ingrata;
constante adoro a quien mi amor maltrata;
maltrato a quien mi amor busca constante.

Al que trato de amor, hallo diamante,
y soy diamante al que de amor me trata;
triunfante quiero ver al que me mata,
y mato al que me quiere ver triunfante.

¿No te parece una triste paradoja?

Lee el siguiente caso de un chico actual.

Yo no sobresalía en los deportes ni en el estudio. Tampoco era muy guapo, pero eso sí, cuando me interesaba algo, perseveraba más que nadie.

Me enamoré de Andrea, y decidí que la haría mi esposa. Si lograba esa hazaña, tendría a mi lado, para siempre, a la mujer más maravillosa que jamás había conocido, y todos me envidiarían.

Andrea era una mujer despampanante. Ganó tres veces el concurso de belleza en la universidad. Además bailaba, cantaba y actuaba. Era como una diosa. Todos queríamos salir con ella.

Me rechazó muchas veces; uno de sus galanes casi me mata a golpes. Cuando ella me vio todo lastimado, pero insistente, se compadeció de mí y comenzó a hacerme caso. Como la había investigado muy bien y conocía

sus gustos, hacía lo que le agradaba. Andrea se sorprendió de que fuéramos tan afines. Con el paso del tiempo nos casamos. ¡Logré la gran meta! Mis amigos me envidiaron y me creí un triunfador. Bueno, pues eso pensé, pero estaba equivocado.

En nuestra sociedad machista todo el mundo habla del maltrato que dan los hombres a las mujeres, y casi nunca se menciona el maltrato de las mujeres hacia los hombres. Andrea me despreciaba. Hablaba mal de mí; no quería tener sexo conmigo porque decía

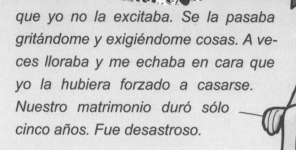

que yo no la excitaba. Se la pasaba gritándome y exigiéndome cosas. A veces lloraba y me echaba en cara que yo la hubiera forzado a casarse. Nuestro matrimonio duró sólo cinco años. Fue desastroso.

Una historia de éxito que se volvió fracaso.

Es loable subir a una montaña, pero antes de lanzarte, estudia si la cima que vas a escalar, es lo que realmente deseas.

Muchas personas invirtieron años de esfuerzo para lograr metas que no les convenían.

Piensa en la chica que quiere ser delgada a toda costa y se vuelve anoréxica, o en el ejecutivo que trabaja veinte horas al día sólo para lograr un puesto que le roba su tranquilidad, salud y familia.

¿TANTO ESPERAR... PARA ESTO?!?!

En el tema del amor, lo importante no es tener buena puntería para atinar al blanco más difícil, sino al que de verdad te conviene.

No conquistes a la persona que otros admiren o a quien tenga muchas cualidades, sino a la que sea *correcta* para ti.

¿QUÉ BUSCAR EN UNA PAREJA?

PRIMERO, que te ame.

¿Eres mujer? ¿De qué te serviría enamorarte de un galán inteligente y apuesto si no le interesas? ¡El hombre de tu vida debe tratarte como a una verdadera princesa y estar dispuesto a hacer cualquier cosa por ti! ¿Eres hombre? ¿Para qué te valdría enamorarte de la modelo más increíble, si ella te detesta? La mujer de tu vida debe tratarte con admiración, respeto y afecto real.

Lo anterior es claro y contundente, sin embargo, recuerda que *del roce nace el cariño*, y que muchas veces, lo que la otra persona necesita para *decidir* amarte es convivir contigo, conocerte más, darse cuenta de tu valor. Así que no descartes a alguien que te gusta sólo porque, de entrada, parece no interesarse en ti. Antes, haz una estrategia de convivencia, y de roce sano. Aparécete en la vida de tu pretendido(a) y haz que voltee a verte. Tal vez acabe enamorándose de ti. Si de plano, no reacciona, dile adiós. Tú vales mucho. Él o ella se lo pierde.

SEGUNDO, que hable tu mismo idioma.

Identifica unas cinco actividades o gustos que forman parte sustancial de tu vida. Eso que representa tu esencia. Los cinco valores que *te definen*.

Te voy a hacer algunas preguntas para inspirarte a encontrarlos:

—¿Amas la música?, ¿te encanta componer, cantar, bailar, o tocar un instrumento?

—¿Te fascinan los deportes extremos, esquiar, acampar, ejercitarte?

—¿Te gusta rozarte con la alta sociedad, comprar ropa de marca o vivir con lujos?

—¿Te identificas sobremanera con tu país, tu ciudad, tu comida y tu estilo de vida urbano?

—¿Participas en algún grupo religioso y amas tu fe por sobre todas las cosas?

—¿Quieres a los animales; inviertes mucho tiempo amaestrándolos y cuidándolos?

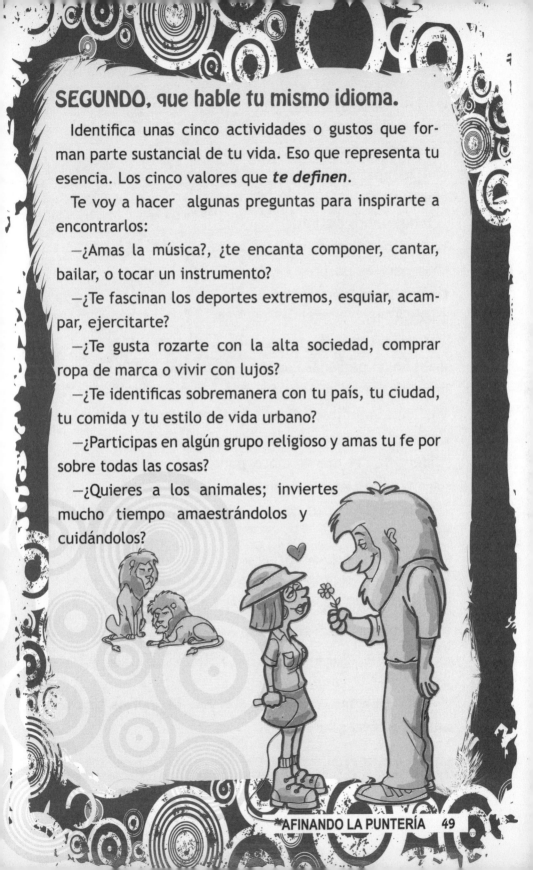

—¿Tu mayor gusto es via-
jar por el mundo y cono-
cer otras culturas?

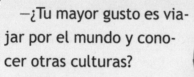

—¿Te apasiona colec-
cionar algo?

Todos somos distintos.
Podríamos llenar mu-
chas páginas de pregun-
tas similares, pero mejor,
analízate tú.

¿Qué actividades te de-
finen como persona? Pon en
primer lugar las que llevan
implícita una filosofía. Esas que representan tu forma
de pensar e interpretar la vida.

Identifica al menos cinco puntos esenciales que tu
pareja debe aceptar y compartir contigo.

¿Qué pasaría si tu novio o novia detesta lo que a ti
tanto te agrada?

¡Piensa cómo te sentirías si te casas con alguien que
ataca, odia o desprecia tus valores! Podrías decir, "bueno, pero me gusta mucho físicamente"; muy bien, ¿y
de qué te servirá el físico o la atracción sexual cuando
te quedes a solas con él o ella para convivir la mayor
parte de tu tiempo?

Todos tenemos valores diferentes. Define los tuyos
antes de buscar pareja.

TERCERO, que tenga un carácter distinto.

Una de las metas principales de dos personas que se unen es enriquecerse mutuamente.

El introvertido hará mejor combinación con el extrovertido; el competitivo con el cooperativo; el impulsivo con el reflexivo; el controlador con el animador...

Si tu novio o novia tiene un carácter distinto al tuyo, ambos pueden complementarse mejor. Será una relación más rica, más divertida y más interesante. Uno tendrá lo que al otro le falta y viceversa.

¿QUÉ NO BUSCAR EN UNA PAREJA?

No trates de hallar a alguien con quien pasar el tiempo sólo porque estás disponible. Evita el juego de "peor es nada".

Hoy está de moda tener "novio o *free* de transición" o "mientras me llega algo mejor".

Muchas parejas permanecen juntas por costumbre. No se atreven a terminar porque temen a la soledad. A veces deciden incluso convivir sexualmente o casarse pensando que es peor estar solo que mal acompañado y, como no tienen otra mejor opción, se mal acompañan para siempre.

Si tienes novio o novia por diversión o para salir con alguien, o porque estás en aburrimiento total, limitas la posibilidad de encontrar a otra persona que de verdad valga la pena para ti. Tu tiempo, atención y actividades se comprometen cuando sales con alguien sólo por llenar el hueco. También disminuye tu atractivo e integridad ante los ojos de otros partidos más interesantes. En este sentido, si quieres hallar un buen novio o novia, no te distraigas ni juegues al amor con gente a quien no amas. Lograr eso es tener alta dignidad.

A los demás les gusta opinar.

Define muy bien lo que quieres y no trates de agradar a tus amigos o familiares.

A veces te dejas llevar por ellos. Te dirán: Que si tu pareja está demasiado gorda, flaca, alta, chaparra, morena, orejona... Que si te enamoraste de una persona muy fea o muy bella, muy inteligente o inocente.

Pero piensa: Cada uno tenemos diferentes gustos y puntos de vista. Cuando elijas pareja no trates de complacer a todo el mundo.

En el fondo, el amigo que conquistó a Andrea, la reina de belleza, en realidad quería ser admirado por los demás. Jamás pensó que esa chica no era para él. Además, estaba *enamorado de forma enfermiza*.

Eso es muy común.
¿Te ha pasado?
Enamorarse así
es peligroso.
Veamos por qué.

5
Enamoramiento enfermizo

ESTA PEOR QUE LOCO, ESTÁ ENAMORADO...

Los especialistas en el tema,[1] dicen que la persona enamorada presenta al menos tres de los síntomas psiquiátricos que caracterizan un episodio maniático-afectivo.[2]

✦ Con gran seguridad hace *lo que sea,* por lograr sus propósitos (seducir a quien ama).

✦ Pierde el sueño (sólo piensa en su amado/a).

✦ Tiende a hablar demasiado (sólo habla de su enamorado/a).

✦ Tiene mucha agitación y energía (no puede calmarse).

✦ Pierde concentración (suspira por su amor).

---

1 Chinquirá Blandón. Manual para desenamorarse.
Edamex. México 1998.
2 Manual de diagnóstico y estadístico de los trastornos mentales. DSMI- IV

- Hace cosas arriesgadas (como retarse a golpes con un rival o regalar todo lo que tiene a quien ama).
- Su estado de ánimo alterado le provoca deterioro escolar, laboral o social.

Es una locura.

Estar enamorado es como flotar por los aires, vibrar en una nueva dimensión y conocer el delirio de un desequilibrio mental genuino. Puede resultar hermoso, mientras no se vuelva algo crónico.

El enamoramiento causa inestabilidad y pérdidas; por eso debe menguar poco a poco para ser reemplazado por el amor verdadero.

¡QUIETO, MEJOR VIVE EL AMOR!

El amor real es un sentimiento que produce tranquilidad, paz y estabilidad.

Lee el siguiente ejemplo.

Yo me volví una mentirosa. Hacía lo que fuera para que mi novio me quisiera. Hasta llegué a cambiarme el nombre y la edad. Siempre fingía que me gustaban las cosas que a él le gustaban y cuidaba que no se molestara. Pero después de un tiempo, sucedió lo que tanto temía. Se aburrió de mí y me dejó. Yo lloré y me deprimí mucho. Fui hasta su casa y le dije que hiciera conmigo lo que quisiera, pero que no me dejara. Él me preguntó "¿lo que quiera, de veras?" Le dije que sí. Entonces me llevó a un hotel. Tuvimos sexo bruscamente. Me lastimó. Pero al día siguiente me pidió perdón. Lo amaba tanto que traté de comprenderlo y por supuesto, lo perdoné. Después de esa ocasión empezamos a tener sexo cada semana. Yo le pedía que fuera más romántico, pero él no me hacía caso. "Ni modo", decía yo, "al menos está conmigo". Con el paso del tiempo me di cuenta que me utilizaba, pero yo seguia enamorada de él.

No te conviene vivir enamorado (a).

Mejor busca *el amor*.

Con frecuencia, muchos buenos estudiantes se van a pique en la escuela, cuando se enamoran.

Imagina que avanzas por la carretera de la vida hacia un futuro prometedor, y de pronto tu auto se atasca en un charco lodoso. Eso es el enamoramiento enfermizo. Puede causarte confusión y quitarte mucho tiempo. Es sinónimo de "estancamiento".

Ve lo que le pasó a este amigo:

Verónica me acarició el cuello.

Fue como un toque de electricidad. A partir de ese día comencé a pensar en ella en todo momento. La invité a salir y me dijo en secreto: "estoy a punto de terminar con mi novio, pero me interesas"; sentí sus labios en mi oreja y su aliento penetró por mi oído. Cuando me acuerdo, todavía siento escalofríos.

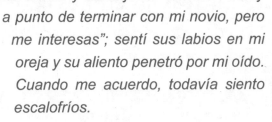

Nos hicimos compañeros de equipo. Yo le llevaba regalitos casi a diario; le escribía notas y poemas, pero también la ayudaba en sus tareas y exámenes. Realizaba todos los trabajos que nos correspondían y aunque ella no hacía nada, yo anotaba su nombre en las portadas. Me lo agradecía mucho. Siempre se despedía de mí con un beso y a veces acercaba su cuerpo al mío para que yo pudiera sentirla… Eso me dejaba temblando. Nadie lo notaba. Sólo ella y yo. Le insistí en que fuera mi novia, pero siempre me dio largas. Cuando el curso terminó dijo que sólo me quería como amigo… Entonces supe que me manipuló para que yo le hiciera las tareas y los trabajos… Caí en depresión y durante los siguientes meses me la pasé pensando en ella. Reprobé varias materias.

¿Recuerdas los errores del noviazgo?

Pueden evolucionar hasta convertirse en *enamoramiento enfermizo*.

¿CUÁL DE TUS ERRORES SE ESTÁ VOLVIENDO ENFERMEDAD?

1. Si *idealizaste* demasiado a alguien...

Y vives un amor platónico, dedícate a conocer a esa persona en serio, pruébala, visita su casa, charla con su familia, descubre sus vicios, ponla en aprietos; hazla dudar, enojar, temer; ve cómo reacciona en los momentos de crisis y cómo te trata. Haz este ejercicio mental: cada vez que la recuerdes, relaciónala con lo que te desagrada. ¡Enfócate en sus defectos! No supongas más cosas buenas de él o ella; mejor descubre las malas y piensa en cuan perjudiciales son. Evita entregarte por completo a alguien que no conoces bien y tiene otros intereses. Convéncete de que tu enamoramiento es producto de la idealización. Todo provino de tu mente descosida.

2. Si has vivido excesiva *premura sexual...*

¿Perdiste la cabeza? Entonces todo sucede muy rápido y sin control. Tu enamoramiento enfermizo por causa del sexo te ha dejado sin defensas. Así es como se dan los embarazos no deseados, los matrimonios fallidos y muchos otros conflictos; haz un esfuerzo por razonar.

Recupera la calma.

Si la excitación sexual es prolongada y vibra en tu piel como una suave armonía, pon atención... en algún momento se callará. Ahí toma decisiones drásticas. Báñate con agua fría y pon tierra de por medio.

¿La sensualidad de esa persona te tiene como embrujado (a)? ¡Reacciona!, recupera el control antes de que vuelvas a excitarte.

3. Si has caído en el *absolutismo* exagerado...

De inmediato inscríbete a clases nuevas. Participa en un deporte. Concursa en competencias académicas. Planea un viaje; sal del encierro mental en el que te metiste.

Tu vida no puede girar en torno a tu enamorado (a).

¡Vuelve a encontrarte contigo!

¡DESENAMÓRATE!

El "enamoramiento enfermizo" es tu enemigo; no la persona de quien te enamoraste, pero deberás alejarte de ella para recuperar el control de tu vida. Deja de verla. Sepárate. Rompe toda comunicación. Después, enfrenta la verdad: *Todo terminó. No hay marcha atrás.*

ESTOY DESENAMORADA, YA NO SIENTO NADA POR TI

Es necesario aceptar la pérdida, como si se tratara de un ser cuyo cuerpo ha sido depositado en el ataúd. "Vístete de luto" (en sentido figurado), haz pública tu separación. Desahógate. Llora. Vive el duelo, pero no pases mucho tiempo en depresión.

Si la persona de quien te enamoraste te lastimó, enójate con ella; está bien. La ira es un reflejo sano; indica "recuperación de la dignidad", pero no olvides que, el fuego de la ira debe consumirse hasta las cenizas del perdón. Perdonar es aceptar pacíficamente los hechos. Habrás perdonado cuando ya no recrimines ni sientas rencor por tu antiguo enamorado(a); cuando seas capaz de recordar el ayer con nostalgia pero sin buscar culpables.

Una vez que te "desenamores" regresará la sonrisa a tu rostro, habrás asumido de nuevo el control de tu mente y podrás encontrarte con la persona por quien te habías obsesionado y sonreír, pero sin registrar la más mínima emoción.

Entonces volverás a ser libre para amar de verdad.

DESENAMORADO

6

¿Qué con
el free?

Si los noviazgos fallan, algunos optan por probar el *free*.

Voy a recordarte la definición.

Free es el vínculo entre dos *conocidos* que deciden besarse, acariciarse o aún tener sexo, sin amor ni compromiso.

EXISTEN DIFERENTES NIVELES DE FREES

FREE EXTREMO. También se le dice "acostón". Ocurre cuando dos personas que ni siquiera se conocen (viajeros en la misma sala de espera, cibernautas en el mismo chat, o transeúntes que coinciden en un punto), deciden tener relaciones sexuales sabiendo que nunca se van a volver a ver ni repetirán la acción.

FREE CASUAL. Ocurre cuando dos vecinos, compañeros del trabajo, de la escuela o de

-HOLA DESCONOCIDA ¿NOS ECHAMOS UN "FREE"?

-PERO RÁPIDO, PORQUE YA SE VA MI AVIÓN

un club, se vinculan sexualmente y dado que se siguen viendo, existen posibilidades de repetir la acción.

FREE HABITUAL. Aquí, los encuentros son frecuentes. Quienes los practican también dicen ser amigos cariñosos o con derechos; a veces llegan a tratarse como novios, pero sin compromiso; su unión es libre e independiente a otros *frees* o relaciones formales que puedan tener.

Ésta es la mecánica:

Uno le dice al otro: ¿Quieres tener un *free* conmigo? Si la propuesta es aceptada, se besan, practican caricias y/o sexo, para después despedirse como si nada hubiera pasado.

¿ TE AVIENTAS UN "FREE" CONMIGO ?

Aparentemente entre ellos no se creó vínculo afectivo ni responsabilidad alguna.

¿Funciona? Sin duda, para algunos, pero en este asunto debes tomar una decisión personal.

¿Funciona para ti?

Lee todo el capítulo antes de decidir.

Cierta joven que aceptaba tener *frees*, comentó en

un programa de debates en televisión: "Sé que podría llevarme una sorpresa desagradable, no sé; acostarme con un loco, o con un maniático como el de las películas (ríe), pero eso es lo que hace emocionante el juego, ¿cómo les diré?, existe un poco de riesgo, aunque claro, bastante controlado, creo yo".

Consecuencias impredecibles.

La chica del ejemplo reconoce el problema más grande de los *frees*. Mucha gente usa máscaras.

Si tienes sexo con una persona que apenas conoces (*free* extremo), no puedes saber cuáles son sus antecedentes ni cual será su conducta posterior.

Las aventuras sexuales no son gratis. Siempre producen algún tipo de compromiso.

También los *frees* casuales y habituales tienen un costo.

Hombres han sido víctimas de mujeres que querían embarazarse para forzar el matrimonio.

Chicas han sufrido violación o abuso sexual al seguirle el juego a alguien que les hacía insinuaciones divertidas.

NI TAN FREE.....

Jóvenes padecen enfermedades venéreas contagiadas *a propósito* por alguien resentido.

Hombres y mujeres han quedado destruidos cuando su compañero de *free* hizo público el romance y *se cobró su parte*.

Personas chantajeadas han perdido casas, coches, dinero y negocios al ser fotografiadas manteniendo relaciones sexuales.

Gran cantidad de individuos se han visto involucrados en amenazas y extorsiones.

Hay quienes se llevan sorpresas más intensas: Se acuestan con alguien que resulta ser de su mismo sexo.

Quienes practican los *frees,* desarrollan un síndrome psicológico de reminiscencias mentales o "fantasmas" (imágenes recurrentes), que los acompañan durante toda la vida.

Lo más grave y cotidiano le ocurre a las mujeres: Pierden su libertad y seguridad al acostarse con su "amigo cariñoso", porque cualquier hombre, después de mantener relaciones sexuales, se siente con ciertos derechos sobre la mujer (la ve como de su propiedad) y, aun cuando ella ya no quiera saber nada, él la seguirá deseando y persiguiendo.

Las aventuras sexuales tienen un precio. Son sellos de intimidad que producen obligaciones y a veces se pagan caro.

¿Por qué a tantos jóvenes les gusta el *free*?

Aunque el sexo rápido tiene riesgos, se practica cada vez con más frecuencia.

Por todos lados hay personas dispuestas a experimentar con sus cuerpos; eso hace más fácil la práctica del *free*.

Sin embargo, quienes son aficionados a los *frees*, van teniendo un menoscabo en su autoestima y dignidad. También suelen adquirir una actitud de burla y ofensa hacia el sexo opuesto.

Un hombre joven declaró: "para lo único que sirven las mujeres es para el sexo; fuera de eso, no doy por ellas dos centavos".[1]

Frees múltiples e intercambio de parejas.

Las orgías han sido comunes entre drogadictos y gente con graves daños psicosexuales; hoy, se les dice de forma más elegante. *Frees múltiples.* Si aceptas participar en uno, las posibilidades de tener consecuencias nocivas se multiplican exponencialmente.

ANTES   DESPUÉS

Lee el siguiente testimonio:

Un amigo de la universidad nos invitó a mi novia y a mí a un free *múltiple. Era una fiesta de parejas. Llegamos un poco nerviosos. La mujer que dirigía la reunión explicaba las ventajas de abrir nuestras mentes a nuevas posibilidades, y proponía la vivencia sexual con otras personas.*

---

1 Edwin Lutzer, *Cómo vivir con sus pasiones,* Las Américas.

Se organizó una dinámica de intercambio. Cada nueva pareja practicó un pequeño ejercicio de caricias inocentes para romper el hielo. Tomar de la mano a una mujer extraña cuyo novio o marido estaba en la misma sala, quizá con mi chica, me provocaba una rara excitación. Los ejercicios dirigidos nos condujeron a un juego erótico. El lugar quedó en tinieblas. Yo no podía ver con quién se encontraba ella. Ella tampoco me veía a mí. La coordinadora nos invitó a olvidar prejuicios y a vivir el momento presente. Mi nueva compañera y yo comenzamos un fascinante proceso de frotaciones íntimas. Nos desnudamos lentamente.

Excitados al máximo, a punto de consumar el acto sexual, otra pareja, también desnuda, nos interrumpió para intercambiar. Mi compañera ahora no era tan voluptuosa, pero disfruté sus diferencias físicas. Me dejé llevar por las sensaciones de erotismo libre. Cambié tres veces más de pareja. La experiencia terminó en una tremenda orgía. Mi novia se enfadó conmigo por haberla llevado a ese sitio, aunque creo que secretamente le agradó. Nuestra unión fue de mal en peor a partir de entonces; se rompieron todos los esquemas éticos entre nosotros, nos faltábamos al respeto continuamente, veíamos la infidelidad como algo normal, perdimos la confianza mutua, nuestro compromiso se volvió una baratija; en el fondo, ambos nos sentíamos denigrados. El free nos robó nuestra paz y dignidad.

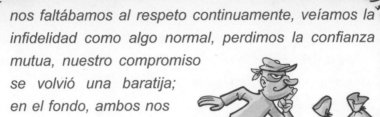

Soledad del experto en *frees* [2]

Revisa este otro testimonio:

¿Sabes?, he triunfado. Me liberé de las ataduras del matrimonio. Me compré un precioso departamento en la playa a donde invito a las chicas más atractivas. Voy y vengo como me place y hago lo que quiero. Sin embargo, hay algo que me molesta y no sé qué puede ser. Todas las mañanas cuando me estoy vistiendo y me miro al espejo, me pregunto: ¿qué gané con el juego sexual de anoche? La chica era guapísima, muy buena en la cama, y se fue sin molestarme, pero, ¿es esto todo en la vida? Además, si tengo lo que todos quisieran, ¿por qué me siento tan deprimido? ¿Por qué estoy tan frío y vacío por dentro? Yo sé que soy la envidia de quienes me conocen porque piensan que mi vida es fantástica, totalmente libre. Pero,

---

2 Joyce Landorf, *Tough and Tender* (Fuerte y tierno), narrado por Fleming H. Revell, pp. 132-123. (En español, en Edwin Lutzer, *op. cit.*)

honestamente, te confieso que la odio. Estoy irritado conmigo mismo, me siento aplastado, defraudado, frustrado; la culpa me asfixia; el anhelo de reivindicarme me ha hecho tirarme de los cabellos y gritar frente al espejo: "Ya basta ¿Qué estoy haciendo? Me siento un miserable. ¡No puedo seguir así!"

Frees por Internet.

Como todo lo anterior degrada, muchos chicos optan por otro pasatiempo, aparentemente inofensivo: Conectarse a la Red y buscar romances en el chat. No saben que la gran mayoría de personas con quienes platican *mienten* respecto a sus edades, sexo o intenciones.

Diariamente navegan millones de sujetos que tratan de robar, abusar o dañar a jóvenes que chatean sin ninguna malicia.

El Internet, es la más maravillosa plataforma de progreso, pero también es como una calle pública en la que transita todo tipo de gente, de la que no sabes nada.

Uno de mis lectores me escribió esta nota:

Tengo treinta años y sé cuidarme, al menos eso creía. Todo comenzó como un juego en el chat. Conquisté a una chava usando frases atrevidas. Ella me dijo que desconfiaba de mí, así que me invitó a usar una webcam. Nos conectamos directamente y nos vimos por la camarita. Al cabo de varios días, ya éramos amigos dispuestos a un free. *Ella vivía en otra ciudad, pero vino a la mía para conocerme. Nos encontramos en el bar de un hotel. Era una chica guapa como diez años menor que yo. Charlamos poco; noté como que me decía puras mentiras. Qué importaba. Yo tampoco estaba usando mi nombre real. Rentamos una habitación y subimos. ¿Qué riesgos podía haber? Yo usaría condón y ella se veía muy joven para tener malicia alguna. Me equivoqué. Ya en el cuarto, comenzó a desvestirme. Luego hizo una pausa y sirvió dos tragos. Después de beber lo que me dio, comencé a perder la fuerza. Caí desplomado en la cama. No podía moverme. Comencé a ver todo deforme y en colores brillantes. Escuché que la puerta del cuarto se abría y entraban varias personas. Poco después perdí el sentido. A la mañana siguiente, desperté muy adolorido. Tenía una terrible herida en el abdomen cosida con hilo quirúrgico. Me habían quitado un riñón.*

La historia, es terrorífica, pero real.

En el Internet operan todo tipo de bandas para reclutar a jóvenes que serán usados en pornografía, prostitución u otras prácticas esclavizantes. Los contactos están entrenados para hacerte creer que son de fiar. Se van haciendo poco a poco tus amigos y van obteniendo tu información personal.

Pocas cosas son más peligrosas para ti hoy en día, que entablar amistades con desconocidos por Internet.

También están de moda las páginas personales en las que publicas tus fotografías, canciones favoritas, gustos y sueños; los sitios son fácilmente quebrantados, de modo que todo lo que tú eres, puede estar expuesto a la vista de muchos. También es común que agregues contactos de tus amigos y vayas dejando que una serie de desconocidos conozcan todo de ti.

Dando sólo algunos datos que crees inofensivos, a la gente malvada le es posible atar cabos y rastrear información hasta encontrarte.

Cada vez es más común saber de jóvenes cuyas vidas y reputaciones son destruidas por difamaciones o trampas que les tendieron por Internet.

Comprende: La computadora sirve para hacer trabajos, investigaciones y mandar *e mails*, pero nunca para conseguir amigos nuevos, o romances.

Los *frees*, sean cuales sean sus procedencias, tienen un alto costo para ti. Jamás lo olvides.

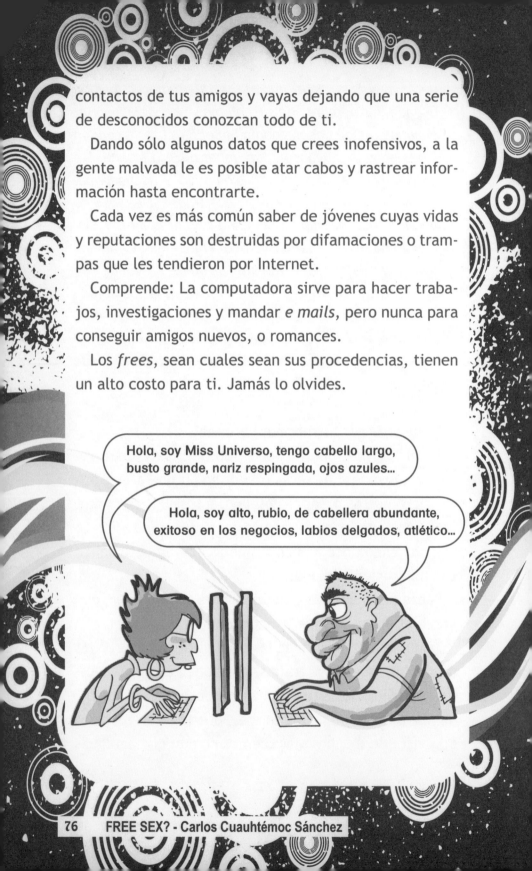

Hola, soy Miss Universo, tengo cabello largo, busto grande, nariz respingada, ojos azules...

Hola, soy alto, rubio, de cabellera abundante, exitoso en los negocios, labios delgados, atlético...

7

¡Quiero besar y tocar!

Volvamos a hablar del noviazgo y de las caricias íntimas que pueden ocurrir en él.

¿Es un tema que viene a tu pensamiento desde la adolescencia? Abordémoslo con claridad.

LAS CARICIAS, EXCITAN.

No es lo mismo acariciar a un perrito o frotarle el brazo a tu abuelita que abrazar a tu novio o novia.

En tu relación de pareja, el contacto físico despierta en ti algo *diferente*. Es natural. La ternura se mezcla con vibraciones sensuales.

Hay algo que se remueve dentro de ti con el contacto físico de tu pareja. Digámoslo simple: se llama excitación sexual.

La excitación sexual puede ser **ligera** (como la ocasionada por la confortable sensación de un cálido roce), **fuerte** (como la que te estremece ante el contacto de

tus labios con los de la otra persona) y **profunda** (como la que sucede con estimulación de tus zonas más sensibles).

Las caricias son el camino imprescindible hacia la relación sexual; si se practican sin límites pueden causar mucho daño a la autoestima y a la dignidad; pero si se realizan de forma inteligente, fungen como un medidor de qué tan avanzada está la relación, y generan un vínculo de respeto.

Las caricias tienen un proceso.

Lee el siguiente testimonio. Los párrafos están enumerados con los distintos episodios de caricias.

Lucy me gustaba y creo que yo a ella, así que quise averiguar hasta dónde podíamos llegar.

1. En la primera salida puse una mano en su espalda mientras caminábamos.

2. Repetí varias veces el recurso y dejé cada vez más tiempo mi mano sobre ella hasta que logré andar a su lado rodeándole su cintura.

3. En una ocasión le acaricié el brazo mientras íbamos en el coche y jugueteé a rozarle la piel.

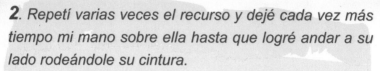

4. Al llegar a su casa nos despedimos con un suave beso en la boca. Fue muy apasionante para mí.

5. Poco a poco nuestros besos comenzaron a ser más profundos. Los labios ya no sólo se rozaban, ahora se doblaban por la presión y se lubricaban con nuestra saliva.

6. Comenzamos a jugar con las lenguas introduciéndolas en la boca del otro. Tratábamos de tocar el paladar, los dientes o la garganta. El entretenimiento nos excitaba mucho. Aprendí que ciertos movimientos de las lenguas pueden ser una imitación del acto sexual.

7. Una noche, mientras experimentábamos besos profundos, bajé mi mano hasta rozar ligeramente sus senos. Ella se separó, así que volví a intentarlo. Cuando logré tocar uno de sus pechos, me detuve apoyándome en él como en un gesto de fraternidad inocente. Ella me rechazó de nuevo.

8. El juego de "yo poner mi mano y ella quitarla" se convirtió en habitual, pero al final gané. Dejó de defenderse y pude, ya no sólo tocar sus senos, sino manipularlos abiertamente. A esas alturas Lucy solía tocarme también por encima del pantalón.

9. No me conformé. Yo quería meterle la mano a la blusa y sentir la suavidad de su piel. Un día lo logré. Comenzamos a alternar las caricias de los senos con roces de piernas y glúteos por debajo de la ropa.

10. Poco después, la sensación de frotar sus pechos con las manos no fue suficiente y tuve el impulso de besarlos. Para esta práctica ella necesitaba estar totalmente descubierta, así que buscamos lugares más oscuros y privados. Al platicar sobre lo que nos estaba ocurriendo llegábamos a la conclusión de que no había riesgos ni pasaría nada si nos deteníamos antes del acto sexual.

11. Comenzamos a procurar habitaciones de hoteles en las que, con la consigna de no llegar al coito, nos desnudábamos; nos bañábamos juntos, y acariciábamos nuestras partes íntimas hasta enloquecer.

12. Pero el instinto es muy poderoso y, la relación sexual completa ocurrió un día sin que pudiera intervenir nuestra voluntad.

13. A partir de ese momento comenzamos a mantener relaciones en forma continua. Lucy se asesoró con unas amigas, para tomar anticonceptivos y al menos una vez por semana teníamos sexo. Éramos como un matrimonio, pues nuestra intimidad había llegado al máximo, pero nuestro compromiso, no.

Después de un año de relaciones sexuales (más de treinta encuentros), comencé a aburrirme. Se terminó entre nosotros la luna de miel. Ya no había pasión ni enigma. Nos conocíamos demasiado.

Cruzó por mi vida una nueva compañera en la universidad y salí con ella. Volví a experimentar la belleza de un beso apasionado y el reto de comenzar la conquista.

Dejé a Lucy. Me duele un poco porque nos habíamos encariñado mucho. Dicen que, en esto del sexo, la que más pierde es la mujer, aunque yo pienso que el gozo fue mutuo y que no tengo por qué sentirme culpable.

Todos tenemos derecho a buscar nuestra felicidad.

Diferentes tipos de caricias.

¿Te diste cuenta que, de forma más o menos similar, los trece pasos descritos se repiten en todas las parejas?

¿También te diste cuenta de que las caricias pueden clasificarse en ligeras, fuertes y profundas?

Analiza tus principios y valores para hacer una clasificación personal de cuáles caricias son de cada tipo, pero antes, por favor toma en cuenta lo siguiente:

TODA RELACIÓN DE PAREJA TIENE CUATRO ETAPAS.

Primera etapa: *Enamoramiento.*

Aquí se fortalece la amistad previa.

Es el momento en el que ambos charlan mucho, se comunican a nivel profundo y se coquetean.

¿Cuánto dura esta etapa?: Desde unos días hasta varios meses.

Durante el "enamoramiento" no hay caricias sexuales, pero los dos pueden percibir la atracción química latente en sus cuerpos.

Segunda etapa: *Conocimiento.*

Aquí la pareja comienza a vivir su romance abiertamente.

Se conocen más a fondo conviviendo con un trato exclusivo respetuoso, cariñoso y de ayuda mutua.

Esta etapa puede prolongarse por varios años.

Durante el "conocimiento", las caricias sexuales son suaves.

Tercera etapa: *Compromiso.*

Llega al momento en que ambos se ponen de acuerdo en que deben vivir juntos y crean la promesa de unión y fidelidad.

Esta etapa de los preparativos para su enlace definitivo suele durar sólo unos meses.

En la etapa de compromiso, las caricias son más fuertes.

Cuarta etapa: *Intimidad.*

Para este momento, la pareja ha consumado su relación mediante el convenio irrevocable.

La etapa dura toda la vida.

> En la etapa de intimidad, ambos tienen caricias profundas, todos los días, si así les place.

Saltarse las etapas.

Es sumamente peligroso tener caricias profundas con alguien que acabas de conocer (ya lo hablamos en el capítulo anterior).

Has visto en las películas que los jóvenes se enamoran y se acuestan de inmediato. Esto es disfuncional. No estoy diciendo "inmoral", porque ese fue nuestro acuerdo, digo "disfuncional", porque a la larga no funciona y deja secuelas dolorosas.

CLASIFIQUEMOS LAS CARICIAS ÍNTIMAS

Ahora sí, hagamos el ejercicio concluyente.

Primero desglosemos los pasos y agrupémoslos en caricias suaves, fuertes y profundas:

1. Tocarse por la espalda o la cintura.

2. Caminar abrazados.

3. Acariciarse la cabeza, brazos, cara, manos o cuello.

4. Besarse suavemente en la boca.

5. Besarse con fuerza lubricando los labios con saliva.

6. Besarse introduciendo y sacando la lengua en la boca del otro.

7. El hombre pone su mano sobre los senos de la mujer y/o ella sobre las piernas del hombre.

8. Por encima de la ropa, el hombre acaricia los senos de ella y ella los genitales de él.

9. Tocarse por debajo de la ropa.

10. Que ambos se desvistan parcialmente para acariciarse.

11. Que ambos se desvistan totalmente y/o, se bañen juntos.

12. Tener relaciones sexuales por primera vez.

13. Idear un sistema anticonceptivo y comenzar a tener relaciones sexuales continuamente.

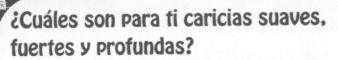

¿Cuáles son para ti caricias suaves, fuertes y profundas?

Sin perder de vista el objetivo de este libro, en un marco de dignidad sexual te daré una clasificación MESURADA:

Suaves: 1, 2, 3 y 4.

Fuertes: 5,6,7 y 8.

Profundas: 9, 10, 11, 12 y 13.

Ahora voy a darte una clasificación LIBERAL:

Suaves: 1, 2, 3, 4, 5 y 6.

Fuertes: 7, 8, 9, 10.

Profundas: 11, 12 y 13.

Finalmente, tú escribe tu propia clasificación.

Las caricias deben discutirse.

Una vez que hayas hecho tu clasificación de caricias, platica el tema con tu novio o novia.

OK, DEL CUELLO PARA ARRIBA TODO LO QUE QUIERAS

Ambos necesitan temple y madurez para trazar un límite y mantenerse conformes sólo con las caricias que se han permitido de mutuo acuerdo.

Si ustedes no pueden o no quieren detenerse en los momentos de pasión y continúan acariciándose, avanzarán rápidamente de fase hasta completar las trece.

El instinto sexual es muy poderoso. Pero tiene aristas diferentes en hombres y mujeres.

Analicemos esto.

8
Orgasmo del hombre

Lee esta reflexión de un joven[1]:

Estoy con varios amigos en una piscina y de pronto a una de las mujeres se le antoja sacarse un seno. Todos los hombres inmediatamente nos embelesamos y centramos nuestra atención en ese pecho. Seríamos capaces de irnos en fila detrás de ella. Supóngase que sea yo —continúa—, quien se saque un testículo: no pasará nada, cuando mucho dirán que estoy loco, pero ninguna mujer se embelesaría.

Si eres hombre, quizá te resulte obvio y hasta incómodo leer este capítulo, porque verás tus secretos sexuales expuestos a la luz, pero si eres mujer te interesará mucho entenderlo bien.

Los hombres se excitan muy rápido.

El orgasmo masculino ocurre durante la eyaculación y ésta sucede por la frotación del pene. Así de simple.

Los hombres eyaculan varias veces al mes desde que son adolescentes. Al inicio, las eyaculaciones pueden ocurrir de forma involuntaria en los sueños húmedos.

---

1 Citado textualmente por la doctora Chinquirá Blandón. Op. Cit.

El chico se levanta mojado, sin saber por qué, pero como cada eyaculación viene acompañada de un orgasmo, con el paso del tiempo el joven puede aprender a provocársela.

El orgasmo es un placer máximo y embriagador.

Los franceses definen el orgasmo como "la pequeña muerte", porque por unos segundos, la persona pierde el sentido y se convulsiona como en alucinantes estallidos de placer.

En el hombre, este deleite es común.

Cuando un varón practica besos o caricias con su novia, se excita con suma rapidez, recuerda de inmediato las deliciosas eyaculaciones que experimenta cada vez que su excitación llega a·niveles extremos, entonces pierde la cabeza y trata *a como dé lugar* de excitarse más para lograr la eyaculación.

Desde tiempos ancestrales, los hombres han presionado a las mujeres para que accedan a tener sexo lo más pronto posible.

El hombre sabe perfectamente lo que sentirá si la mujer acepta dejarse tocar más y si, gracias a ello, logra un orgasmo.

Dispuesto a todo.

Durante la juventud, los hombres aprenden que las chicas son románticas. Asimilan que a ellas les gustan los detalles y las palabras dulces. Pero a los hombres, con frecuencia, el romanticismo les importa poco. En su instinto más arraigado lo que quieren es explorar, tocar, excitarse y, en última instancia, eyacular.

Dicho en frío puede sonar grotesco o incluso animal. No es así. La conducta masculina obedece a muchos factores. Los hombres son seres humanos tan complejos como las mujeres y al igual que ellas pueden enamorarse honestamente y ser corteses; pero en su naturaleza básica, el sexo ocupa un lugar preponderante. Las cosas son así y no hay que asustarse.

Muchas veces, el novio puede fingirse enamorado, jurar amor eterno y aún "trabajar" a la novia con detalles dulces para convencerla de que se permita tener sexo o caricias íntimas.

POR SUPUESTO QUE NO TE HARÍA NADA MALO SI VINIERAS A MI CASA.

Si el hombre no ama a la mujer, sólo deseará su cuerpo y la empujará a un contacto sexual rápido aunque ella no lo desee; en esta tónica llegan a suceder hasta las violaciones.

Por otro lado, cuando un muchacho ama a su novia, se esfuerza por ser caballeroso y escucha los deseos de ella.

Un hombre verdaderamente enamorado es capaz de hacer cualquier cosa por la mujer que ama. Incluso respetarla en el área sexual, si ella se lo pide.

Los hombres aprenden a dominarse.

Aunque el deseo sea muy fuerte, desde la adolescencia los varones se dan cuenta de lo importante que es aprender a dominar sus impulsos. Así que lo hacen; pero el aprendizaje no es automático. Deben afanarse en él.

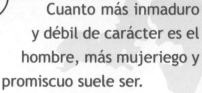

MÁNDENME UNAS 30 PUERKI-CHICAS A MI HABITACIÓN DE INMEDIATO

Cuanto más inmaduro y débil de carácter es el hombre, más mujeriego y promiscuo suele ser.

La confiabilidad de un hombre en materia sexual no está relacionada con el nivel socioeconómico.

Existen hombres profesionistas o ricos capaces de seducir a una empleada, violar o cometer incesto. Por otro lado, hay varones humildes que son maduros y sexualmente nobles.

La mujer excitante.

A una chica le agrada ser admirada y deseada, pero es difícil que se dé cuenta si el hombre a quien está provocando tiene el autodominio necesario para respetarla.

Muchas mujeres han sufrido abuso sexual. Jugar a la chica despampanante, puede ser muy arriesgado.

El sexo barato.

Algunas chicas enamoradas, apresuran las caricias sexuales con su novio creyendo que cuanto más rápido lleguen a la intimidad, él las amará más. Pero esto nunca sucede.

Una regla básica en los negocios es que, cuando algo *abunda*, el precio *baja*.

Hay comerciantes que esconden los productos para provocar escasez y así aumentar los precios. Con esta lógica, comprende: Si el sexo abunda, es barato. Si escasea, su precio sube.

El hombre que tiene fácil acceso a caricias profundas y sabe que puede saborear el cuerpo de su novia cuando se le antoje, se echará para atrás ante un compromiso serio.

Mientras más se deje tocar una mujer, más barata será.

Si tu novio te corta porque pusiste barreras físicas, entiende que muy probablemente de todas formas iba a rechazarte después de haberte usado.

Un tipo de caricias para cada etapa.

Mujer: Recuerda tu código de caricias íntimas. ¿Cuáles corresponden a cada etapa?

La mujer inteligente no admite manoseos, pues vincula su respeto y dignidad a la forma como es tratada. Por otra parte, *sí* admite caricias, pero condiciona su avance a la etapa exacta de la relación.

Si tu novio no se compromete en el umbral de la siguiente etapa, sé inteligente y pon tierra de por medio; déjalo con el sabor de boca de cuánto perdió. Esto provocará que cualquier hombre esté dispuesto a hacer lo que sea por ti.

Las mujeres que no se dejan manosear ni se acuestan con cualquiera, propiciarán que más de un hombre las admire y recuerde virtudes que había olvidado.

Despertar en un hombre su instinto carnal es fácil. Cualquiera lo hace. Lo difícil es despertar su sentido de caballerosidad. Para eso, se requiere una dama.

Otra forma de manejar las caricias sexuales.

¿Cómo sonaría la redacción del novio del capítulo anterior si ella hubiera sabido todo esto?

Probablemente así:

Un día, mientras besaba a Lucy, puse mi mano en su pecho y ella la retiró enérgicamente. Volví a intentarlo, pero Lucy interrumpió nuestro beso para mirarme a los ojos y decirme con absoluta convicción que no deseaba ser tocada de esa forma. Yo le aclaré que era sólo una manifestación de cariño y ella mencionó que la mejor manera de demostrarle afecto era respetándola. Me

¡ARDO POR TI!

ESPERA UN POCO, AMOR

enfurecí. Pensé que era anticuada e inmadura. La dejé por un tiempo, pero terminé regresando a ella seguro de que la convencería algún día. Fue inútil. Sus ideas eran muy firmes. Después de varias discusiones, me resigné a mantener una relación de convivencia. Nos besábamos y abrazábamos, pero las caricias leves eran sólo un complemento y no el centro de nuestra unión. Debo reconocer que crecimos mucho como personas. Ambos llegamos a la certeza de que contábamos con un verdadero amigo.

Con los años, nuestras caricias se han hecho más intensas, pero cada vez que nos acercamos en el ámbito sexual, siento como si Lucy se alejara después. Tal vez es mi imaginación, pero ¡cómo me excita pensar en ella! Es una mujer interesante. Trabaja y estudia. Quizá por eso cada vez tiene menos tiempo para mi.

Últimamente me ha hecho insinuaciones respecto a que le gustaría formar un hogar conmigo. La verdad, a mí también me gustaría, y por lo visto, si no me decido pronto quizá la pierda. Me consta que no le faltan pretendientes.

Hoy tengo que tomar una decisión. O la dejo para siempre o me caso con ella. La verdad, no tengo idea qué voy a hacer. Sólo sé que en este punto estoy loco, enardecido de amor por Lucy...

Dos trampas usuales de la seducción.

Pasando a otro tema, en el juego masculino, hay redes muy sutiles que se tienden como las tejidas por arañas en espera de una presa.

Ocasionalmente, las mujeres tienden las mismas trampas y las usan, para atrapar a los hombres.

La primera de ellas se llama *alcohol*.

Muchos embarazos indeseados provienen de una noche de copas. Miles de abusos sexuales se planean con la maña de emborrachar a la mujer. Infinidad de jóvenes acaban rompiendo todos sus límites, desinhibidos por el alcohol.

Los novios que beben, son varias veces más propensos a tener caricias eróticas profundas y relaciones sexuales. Cuando la mecha está impregnada con alcohol, siempre resulta muy corta para apagarla a tiempo.

La segunda trampa se llama *solos y encerrados*.

Se cae en ella cuando uno de los dos se las ingenia para que ambos lleguen a quedarse a solas dentro de una casa, cuarto o departamento. Una pareja en estas circunstancias, por instinto practicará caricias profundas imparables. Con mucha frecuencia, el hombre no se detendrá hasta eyacular.

Si tú y tu pareja no desean tener relaciones sexuales, pónganse de acuerdo y sigan estas reglas fundamentales: No se emborrachen ni se queden solos en una casa, departamento o habitación.

Recuerden que los casados conviven a solas en una casa (CASA-DOS) y ahí mantienen una vida sexual activa.

A final de cuentas, estamos hablando de cómo puedes vivir tu dignidad sexual con conocimiento y tomar decisiones bien pensadas.

9
Orgasmo de la mujer

¿Has escuchado decir que el sexo existe para la procreación? Es un dogma muy común, pero descabellado.

¡Los encuentros sexuales *no* se diseñaron (por el Diseñador) sólo para tener hijos, sino para que la pareja se disfrute!

Esto es fácil demostrar.

En un matrimonio con un promedio de 2 relaciones sexuales por semana, ocurren como 100 al año; 3,000 en 30 años. Si la pareja procrea 2 hijos en ese periodo, representa el 0.06% del 100%. ¡O sea que el 99.94% de sus relaciones sexuales no tenían objetivos de procreación sino de puro y absoluto placer! Todavía haremos más cuentas. Si un hombre eyacula, en cálculos moderados unas 5,000 veces en su vida, y cada eyaculación contiene 300 millones de espermatozoides, eso significa que para engendrar, digamos, 4 hijos, tiene que producir y expulsar 1,500,000,000,000 espermatozoides. En términos porcentuales significa que el 99.9999% de los espermatozoides se produjeron sólo para darle gozo (no hijos).

NUESTRA POSIBILIDAD DE CONVERTIRNOS EN BEBÉ ES CASI NULA

Por supuesto que los cuatro hijos de ese hombre son el máximo don de su vida, pero por otro lado, debemos entender que la razón principal de sus relaciones sexuales, fue *el placer*.

Los cuerpos tanto del hombre como de la mujer están hechos para disfrutar del sexo.

Ya hablamos de la maquinaria del varón en el capítulo pasado.

Ahora hablemos de la mujer.

En culturas machistas se califica a las mujeres que disfrutan del sexo como pervertidas. Por eso, en varios sitios del mundo a las niñas se les mutila sexualmente, extirpándoles el clítoris, para que nunca sientan placer. Ese tipo de ideologías son salvajes y retrógradas.

Sin duda alguna, el diseño de la mujer es perfecto para que ella disfrute del sexo tanto o más que el hombre.

El clítoris es un órgano especializado.

Está en el cuerpo únicamente para el goce sexual.

Suena interesante si pensamos en términos de "especialización".

¿Qué te resulta mejor si deseas hacer un trabajo excelente?, ¿contar con un escáner especializado, una impresora especializada, una fotocopiadora especializada y un fax especializado; o tener un aparatito que hace todo al mismo tiempo?

Bueno, pues paralelamente, el hombre tiene esa maquinita que sirve para todo: expulsa semen, produce placer y excreta orina; mientras que la mujer posee instrumentos expertos hechos exclusivamente, uno para la micción, otro para la fecundación y otro para el placer erótico.

Esto nos lleva a concluir: No existe pecado, inmoralidad ni obscenidad al hablar de que la mujer debe disfrutar el sexo tanto o incluso más que el hombre.

Un derecho femenino.

Durante años se les ha hecho creer a las niñas que es malo observarse o tocarse (como si sus cuerpos no fueran de ellas o estuviera bien tener unos órganos y mal tener otros). También se les ha hecho creer que sólo existen para procrear y dar placer a los hombres. Estas son ideas altamente perjudiciales y denigrantes.

Las mujeres deben conocer su cuerpo y ser expertas en el funcionamiento de su anatomía.

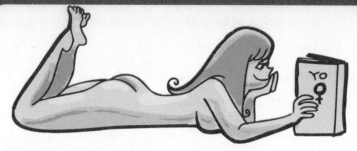

Su sistema sexual es distinto.

Ellas no eyaculan varias veces al mes. Su ciclo hormonal que les produce una menstruación, en promedio cada 28 días, propicia también que en la etapa intermedia del ciclo, cuando ocurre la ovulación, se sientan más sensibles y atentas a los estímulos sexuales que el resto del mes.

Las mujeres están biológicamente capacitadas para tener varios orgasmos en la misma sesión, así como para una mayor resistencia en el ejercicio sexual.

¡GLUB!

Las jóvenes se excitan con facilidad durante la juventud, sin embargo, el camino hacia el orgasmo o los orgasmos múltiples femeninos no es tan simple ni directo.

El orgasmo femenino es complicado.

Mientras los hombres sólo necesitan una frotación intensa del pene para llegar al clímax, las mujeres requieren "conectar" cuerpo y mente con exactitud.

Una mujer llega al orgasmo, si durante el acto sexual se cumplen estos siete requisitos:

1. Se siente libre de culpas o temores.

2. Está convencida de que no corre peligro.

3. Sabe que no está siendo obligada, usada, o engañada.

4. Cree que no sufrirá regaños o rechazo posterior.

5. Sabe que es amada, comprendida, valorada.

6. Tiene a su lado a un hombre considerado que la estimula delicadamente, sin prisas ni brusquedades.

7. Se concentra en las sensaciones de su cuerpo y se deja llevar sin inhibiciones.

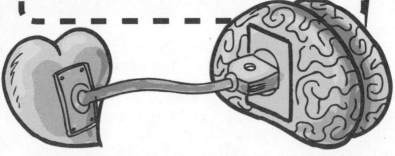

¿Ahora comprendes por qué, en una violación, la mujer *no puede* sentir el menor placer? ¡No se cumplen ninguno de los siete requisitos!

Muchas mujeres, aun casadas, manteniendo una vida sexual activa, tardan a veces semanas, meses y algunas incluso años antes de ver cumplidos los requisitos anteriores.

En la juventud, por supuesto, es aún más difícil. Por eso las chicas que tienen relaciones sexuales prematrimoniales comúnmente se sienten decepcionadas e insatisfechas. Aún así, muchas deciden tenerlas, movidas por el enamoramiento, la búsqueda de amor y aceptación, la presión de sus amigas, la curiosidad o el deseo de liberarse del himen.

La virginidad.

El himen es una membrana que está a la entrada de la vagina. Se supone que, al tener relaciones sexuales por primera vez, esta membrana se rompe y sangra.

A las mujeres, en la antigüedad se les obligaba a exhibir la sangre del himen roto para demostrarle a su marido o a la sociedad que sí eran vírgenes. Si no sangraban, muchas eran rechazadas o regresadas a su casa, como mercancía defectuosa.

El mito del himen está lleno de errores garrafales. Recuerda que:

—Menos de la mitad de las mujeres sangran en su primera relación sexual.

—Algunas mujeres nacen sin himen.

—Hay hímenes tan suaves y delgados que se rompen por sí solos desde la niñez.

—Hay hímenes tan duros que sólo se rompen con intervención quirúrgica.

—El himen suele tener uno o más orificios que permiten el flujo menstrual y el uso de tapones higiénicos.

—El himen de cada mujer puede tener diferente espesor, resistencia y forma.

—Hay mujeres que cuidan su himen (para llegar "vírgenes" al matrimonio) manteniendo relaciones sexuales por vía anal u oral.

Es interesante preguntarnos ahora, ¿qué es la virginidad?

Tradicionalmente se define como **el atributo de las personas que jamás han tenido un coito completo.** La definición es antigua y superficial, porque se centra en un hecho meramente físico.

En esta época moderna, podemos pensar en otra definición. Se la escuché a una joven que dijo: *Cuando era niña, me violaron, pero sigo siendo una mujer virgen*.

¿Puedes captar su inteligencia? Ella tenía una definición mucho más interesante de "virginidad". La veía como **la conservación de una conducta digna en su juventud** (y no de una membranilla).

Con esa idea en mente, podemos pensar que cualquier mujer (u hombre) que tuvo relaciones sexuales en el pasado puede decidir volver a ser virgen.

¿Qué piensas?

Después de que hayas sacado tus propias conclusiones, me gustaría que habláramos de otro tema tabú: La masturbación.

Definición.

Cuando una persona frota sus propios genitales para sentir excitación y eventualmente llegar al orgasmo a solas, se dice que está masturbándose.

Este sí es un tema de interés general.

A todos nos causa curiosidad.

Incluso los adultos tal vez querrán revisar el capítulo para aprobar o reprobar los razonamientos.

Y es que para algunas personas, la masturbación es una grave falta moral.

En siglos pasados se decía que masturbarse causaba ceguera, neurosis, histeria, depresiones, parálisis y muchos otros males.[1] Se difundió el castigo de la castración (¡tal cual; les cortaban los testículos!) a los jóvenes que se masturbaban. En el

---

1 Doctor Tissot, *Onanismo, un tratado sobre los trastornos producidos por la masturbación*, 1758.

siglo dieciocho se recetaban cinturones de castidad de día y anillos con clavos interiores en el pene para evitar la erección nocturna.[2] También llegó a practicarse la extirpación quirúrgica del clítoris y aún de los ovarios para curar de la "terrible perversión" a las niñas sorprendidas acariciándose.[3]

Así que no te asustes si hoy en día todavía hay quienes dicen que por causa de la masturbación te saldrán pelos en alguna parte del cuerpo o acné en la cara (te ha ido muy bien al vivir en esta época).

¿Es normal masturbarse?

Dejemos que conteste el *Manual Merck de diagnóstico y terapéutica,* obra científica especializada para médicos:

2 Doctor J. L. Milton: *Patología y tratamiento de la espermatorrea,* 1887.

3 En 1858 el doctor Isaac Baker Brown, ginecólogo inglés de gran prestigio, recomendaba la extirpación del clítoris.

"La masturbación, antes considerada una perversión y una causa de enfermedad mental, se reconoce ahora como una actividad sexual normal durante toda la vida y se considera un síntoma sólo cuando sugiere una inhibición en el comportamiento orientado hacia la pareja. Su incidencia acumulativa se sitúa alrededor de noventa y siete por ciento de los varones y ochenta por ciento de las mujeres."

> LA MASTURBACIÓN ES NATURAL, Y TU TAMBIÉN LA PRACTICASTE EN TU JUVENTUD

No es cuestión de opiniones sino de datos médicos. Está documentado que los varones se masturban *sobre todo* en la adolescencia, mientras las mujeres no suelen hacerlo sino hasta las últimas etapas de la juventud y en especial en los inicios de la madurez.[4] Según el *Reporte Hite*, muchas mujeres maduras practican la masturbación para sensibilizar su cuerpo y alcanzar una vida sexual más satisfactoria.[5]

El Manual Merck concluye: "La masturbación, *per se, no es perjudicial*, pero puede llegar a alterar la

---

4 Lyn Margulis y Dorian Sagan, *Danza misteriosa. La evolución de la sexualidad humana*, Kairós, investigación realizada por Enrique M. Coperías, publicada en *Muy Interesante*, año XIII, núm. 6, Eres, México.

5 Shere Hite, *Reporte Hite de la sexualidad femenina*, Plaza y Jánes

capacidad de funcionamiento sexual por algunos factores psicológicos implicados en la práctica."

Así que dejémonos de misterios:

La ciencia médica, dice que se trata de una actividad **normal** que la mayoría de las personas han realizado (97% de los hombres y 80% de las mujeres), sin ninguna consecuencia negativa; sin embargo, también aclara que puede llegar a causar un problema de conducta sexual.

¿Cómo se vuelve un problema?

Quien ve pornografía, tiene sesiones de caricias profundas con su novia o novio, e imagina fantasías eróticas todo el tiempo, de forma descontrolada, comenzará a practicar una masturbación obsesiva que se volverá adicción.

Las adicciones también se llaman vicios.

Las adicciones provocan tolerancia.

La tolerancia es una condición del cuerpo que desarrollan los adictos, en la que cada vez necesitan más cantidades de sustancia o estímulos para sentir los mismos efectos de antes.

Así, un alcohólico requiere cada vez más alcohol para emborracharse o un drogadicto más droga, para tener un "viaje".

Al adicto a la masturbación le sucede lo mismo. ¿Hasta dónde puede llegar? La pregunta es lógica, y la respuesta preocupante.

Un adicto a la masturbación se alimenta de escenas eróticas mentales que aumentan de tiempo y de intensidad cada vez.

FUCHI, ¿ERES ADICTO A LA MASTURBACIÓN?

El uso de material pornográfico convencional resulta insuficiente para un adicto a la masturbación. Necesita más. Mucho más.

El adicto espía las cualidades sexuales de *toda la gente* que lo rodea, su mente se llena de fantasías y se masturba varias veces al día.

Muchas parafilias sexuales (siguiente capítulo) como sadismo, masoquismo, voyeurismo, fetichismo, travestismo, pedofilia, exhibicionismo o transexualismo, son extremos deformados de prácticas que comienzan con la masturbación obsesiva.

Aún sin llegar a esos excesos, este vicio es difícil de eliminar. Muchas personas casadas lo siguen practicando pues llegan a preferirlo sobre las relaciones con su esposo o esposa. Normalmente resulta frustrante para el cónyuge descubrir que su pareja obtiene placer a solas.

¿Y la pornografía?

Los aficionados a las revistas, películas e imágenes pornográficas por Internet, acumulan una tensión sexual incontenible que deben desfogar a través de la masturbación obsesiva y/o los *frees*.

La pornografía también es el principal factor que genera violaciones. Después de excitarse descontroladamente, los hombres pueden salir de su cuarto a buscar cualquier mujer para tocarla, desvestirla o forzarla.

La pornografía separa el sexo del amor y del compromiso. Lastima profundamente a los niños que la ven (se vuelven propensos al sexo prematuro y a parafilias

sexuales, además de dañarlos severamente en su autoestima).

La pornografía representa la mayor muestra de degradación del hombre, al rebajarlo a la categoría de animal copulando.

Lo más remarcable de la pornografía es que ocasiona una relajación general de los principios éticos en la persona.

Se ha descubierto que la gran mayoría de los criminales son aficionados a la pornografía.

La pornografía es el principal generador de masturbación obsesiva. Refuerza el hábito de desnudar con la imaginación a la gente o de recrear fantasías sexuales mientras se charla con personas del sexo opuesto. Eso ocasiona un círculo vicioso denigrante.

¿Y si nunca me masturbo?

Existe un mito muy difundido entre muchachos. Se piensa que como los testículos se hinchan y duelen cuando acumulan demasiado semen, los hombres "tienen que" masturbarse. Esto es mentira. El cuerpo posee un mecanismo para absorber las células sexuales. Después de una excitación intensa, ciertamente hay congestión en los testículos, pero alrededor de dos o tres horas después, desaparece por completo, pues el exceso de esperma es absorbido en el cuerpo sin ningún perjuicio. En otras palabras. A los hombres no les pasa nada si no se masturban. Tampoco hay ningún daño físico ni psicológico en los sueños húmedos o incluso en la masturbación esporádica, pero según los datos técnicos estudiados, sí existe peligro potencial en la masturbación obsesiva que se hace de forma descontrolada y se vuelve adicción.

Para mantener tu línea de honor y equilibrio, es deseable que no te permitas caer en masturbación obsesiva.

Permanece consciente del reto y toma tus decisiones al respecto.

Quien pone un alto a las prácticas *progresivas* de masturbación forja un carácter tenaz mediante el control de sus impulsos, logra un mayor autodominio, y fragua así su temperamento.

¿Y cómo controlo el deseo obsesivo de masturbarme?

La única forma es empezar por destruir la pornografía impresa y poner un filtro a tu computadora para que evites entrar a páginas sexuales.

En aras de tu dignidad:

* No veas pornografía.

* Procura cubrir todas las horas del día con actividades interesantes; evita los momentos de ocio que usabas para masturbarte.

* Trabaja intensamente en pos de tus sueños.

* Emprende un deporte de competición.

* Deja de participar en pláticas eróticas con tus amigos.

* No busques programas, películas o revistas que contengan escenas de sexo.

* No acudas a espectáculos nudistas.

* Controla tu imaginación erótica.

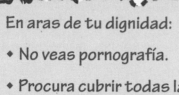

CLUB
PRÓFUGOS DE LA
MASTURBACIÓN

11

Mira lo que guardé para ti

Hablemos del mapa sexual.

En el mundo hay muchas opiniones y prácticas sobre sexo, porque cada persona obedece su propio mapa.

Lo que creemos, pensamos y recordamos de algún tema se llama mapa.

Nuestra mente usa su mapa sexual para hacer relaciones conscientes o inconscientes. Por eso nos comportamos como lo hacemos.

¡ESTO SÍ ES UN MAPA SEXUAL!

En el cerebro se ha grabado todo nuestro pasado, y tiende a salir a flote cada vez que tenemos nuevas relaciones.

Lee los siguientes ejemplos de mapas sexuales dañados[1] que se describen en reportes de terapeutas.

---

1 Anaorgasmia, vaginismo, dispareunia, anheudonía sexual, eyaculación retardada o precoz, disfunción eréctil, etc.

—Un soldado del ejército confesó que él y sus compañeros desnudaban a las mujeres en cada población que llegaban y abusaban de ellas antes de asesinarlas. Años después, este soldado se casó, pero le resultaba imposible tener intimidad con su esposa porque recordaba las repugnantes imágenes grabadas en su mente.

—A un hombre que de joven mantuvo relaciones con una señora sucia y sudorosa le resultaba imposible acercarse a su mujer si antes no se bañaba y perfumaba.

—Un hombre se acostó con una prostituta durante su periodo menstrual y se llenó de sangre; posteriormente rechazaba enérgicamente a su esposa cuando menstruaba.

—Una chica tuvo sexo desagradable con un hombre borracho, en una tarde de lluvia. Años después, perdía todo deseo si llovía o percibía olor a alcohol.

—Una mujer que fue violada de joven, al estar con su marido, no podía dejar de recordar los detalles de la violación.

Mezclando nuestros mapas.

Dos personas que hacen el amor, unen sus mapas en la misma cama.

De forma natural, cada uno lleva al otro a recorrer sus caminos.

Con inusitada frecuencia:

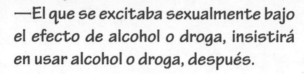

—El que se excitaba sexualmente bajo el efecto de alcohol o droga, insistirá en usar alcohol o droga, después.

—El que aprendió a hacer el amor con violencia, groserías o mecanizadamente, repetirá el esquema en el futuro.

—El que veía pornografía, deseará verla con su pareja.

—Quien se hizo adicto a la masturbación, querrá ser masturbado por la otra persona o incluso preferirá masturbarse en vez de hacer el amor.

Los hábitos sexuales que adquieras en la juventud, quedarán grabados en tu mapa y no cambiarán, aunque te cases.

VIVÍ 5 AÑOS CON UN SADOMASOQUISTA. ¿TE ENSEÑO LO QUE APRENDÍ?

Los jóvenes que tienen muchas experiencias sexuales, suelen convertirse en esposos infieles y promiscuos. Por eso, cada vez es más difícil hallar matrimonios exitosos o familias estables. Cuando dos personas liberales, entremezclan sus mapas, la maraña resultante les impide formar hogares sólidos.

Hay mapas sexuales *muy dañados.*

Quienes los tienen, manifiestan desviaciones llamadas parafilias.[2]

Algunas son raras, y todas más frecuentes en varones (por su alta correlación con los *frees*, la pornografía y la masturbación obsesiva):

> ¿POR QUÉ NO PUEDES TENER RELACIONES SEXUALES CONMIGO? ¡SOY UNA MUJER NORMAL!

Sadismo. *El individuo se excita y logra el orgasmo sólo provocando sufrimiento físico o psicológico a su pareja.*

Masoquismo. *La persona se estimula sólo si es humillada, atada, golpeada o sometida a alguna forma de dolor.*

Voyeurismo. *El sujeto se excita únicamente observando a personas que se desnudan o mantienen relaciones sexuales.*

2 Academia Nacional de Medicina, *Enciclopedia de la salud familiar,* Nueva Editorial Latinoamericana, Las definiciones están tomadas de *El manual de Merck...,* cit.

Fetichismo. La persona emplea objetos para excitarse. Las cosas (fetiches) más usuales son ropa interior, zapatos, pelos o uñas.

Travestismo. El sujeto (casi siempre heterosexual), hombre, usa prendas de mujer y se excita vistiendo así; con frecuencia exhibe públicamente su disfraz femenino.

Pedofilia. El individuo prefiere la actividad sexual con niños menores de trece años.

Exhibicionismo. La persona le enseña sus genitales a extraños; eso le produce excitación sexual.

Transexualismo. La persona adopta identidad del sexo opuesto. Generalmente desean cambiar de sexo mediante operación quirúrgica.

¿Has pensado en casarte?

Aunque no conozcas todavía a tu pareja definitiva, sabes que existe; algún día estará frente a ti.

Él o ella, merece que le entregues un mapa sexual limpio. Será tu mayor muestra de amor, dignidad y honradez.

Un hombre pudo decirle lo siguiente a su prometida:

Antes de que te conociera, yo sabía que vivías en algún lado. Muchas veces, por las mañanas, cuando salía a correr al parque, imaginaba que estabas haciendo ejercicio también en otro parque. Más tarde, durante mis estudios y trabajo cotidiano, me esforzaba pensando en que todo lo que yo hacía era para ti. Cuando tenía la oportunidad de vivir un romance erótico con alguna chica, prefería detenerlo. ¿Con qué cara te iba a explicar la promiscuidad en que caí sólo porque no estabas cerca? Mi sexualidad era tuya de antemano. Yo sabía que, si algo tenía que reservarte, era eso. No había nada en mi persona más íntimo y secreto... Y era precisamente la intimidad física lo que haría tan especial nuestra unión. Así que, amor. Esto es lo que guardé para ti: un mapa limpio en el que sólo tú harás trazos. No deseo tener más líneas que las tuyas, *ni más figuras que las que pongamos juntos. No fue fácil conservar esta parte de mí, intacta, pero quise dártela como regalo. Te lo mereces. Eres mi esposa. La mujer de mi vida. Desde hace mucho tiempo decidí ser tu mejor amigo y amante...*

El testimonio nos permite pensar en lo interesante que resulta no guardar basura para el futuro.

Conservar el mapa sexual limpio es la mejor manera de demostrarle amor a nuestra pareja.

LA CANCIÓN DECÍA: VIVE LA VIDA LOCA, Y YO LE HICE CASO...

Lee este fragmento de un libro que te recomiendo ampliamente[3]:

Siempre se ha creído que, antes de casarse, los jóvenes deben "vivir la vida", conocer el mundo y sus placeres, darle rienda suelta a los instintos... Muchos lo han hecho... tal vez tú también, pero temo decirte que, a largo plazo, eso sólo arroja dos tipos de adultos:

1. Solterones promiscuos (que no se casan nunca), buscadores obsesivos de sexo.

3 *Te desafío a potenciar tu vida afectiva y sexual.* Mismo autor y editorial.

2. Personas casadas que no pueden satisfacer las necesidades de sus cónyuges (porque hacen con ellos lo que hicieron con otros).

¿Cuál de las dos opciones prefieres?

Existe una conexión directa entre tu mente y tu sexualidad. Al casarte, quieras o no, llevarás al lecho conyugal un paquete en el que amalgamas toda tu esencia. Así, que por favor, no digas: "sólo durante unos meses probaré droga o me revolcaré en algunas camas; después sentaré cabeza y me comportaré bien". No será así. Los fantasmas de esos meses te acompañarán siempre.

No lleves mugre a tu matrimonio.

Si eres hombre, piensa esto: el verdadero caballero dignifica a su futura esposa, antes de conocerla. Está dispuesto a convertirse en el mismo tipo de persona que quiere que ella sea. Tu hombría no se mide porque tengas dos testículos. Los perros también tienen y eso no los hace hombres.

Demuestra tu integridad respetando al sexo opuesto, siendo fiel y dignificando a tu pareja definitiva.

El mismo concepto se aplica para la mujer. No porque conozcas a muchas compañeras de la escuela que se acuestan con hombres, debes hacer lo mismo. Tu feminidad se demuestra actuando exactamente al revés.

Hoy es un buen día para analizar tu mapa sexual y tomar decisiones prácticas, objetivas, reales.

Cuando lo hagas, no olvides que, cuanto decidas hacer en tu juventud, trascenderá en tu vida adulta...

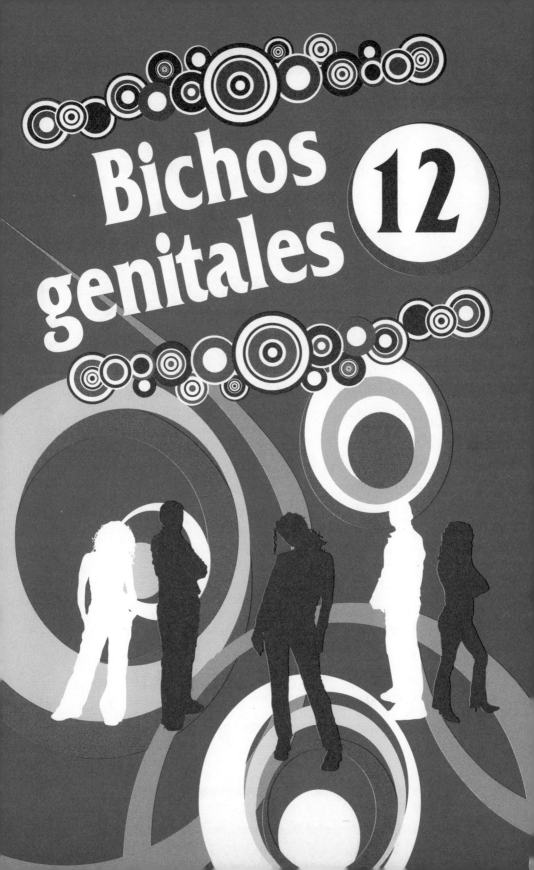

Bichos genitales

12

El mapa sexual del que hablamos en el capítulo anterior es psicológico, pero existe otro mapa llamado *fisiológico* conformado por los microorganismos (bacterias, virus y hongos) que han entrado por nuestros genitales.

Ese mapa tiene una característica muy especial. Su contenido *vivo* es extremadamente contagioso. De hecho, se mueve como una mancha negra en el mundo entero, afectando diariamente a millones de personas nuevas.

El efecto geométrico del contagio sexual se equipara a las pirámides matemáticas.

Imagina que Juana mantuvo relaciones con dos novios diferentes, quienes antes, tuvieron sexo con dos chicas, las que, a su vez, se acostaron con otros dos novios en el pasado.

Juana pasó a formar parte *automáticamente* de una pirámide:

1

12

1212

12121212

1212121212121212

12121212121212121212121212121212

1212121212121212121212121212121212121212121212121212121212121212

En seis escalones participan ciento veintiséis individuos.

Veamos otro modelo:

Un joven tuvo relaciones con tres personas, quienes
a su vez las tuvieron con otras tres, y así sucesivamente
hasta el décimo nivel; se origina un grupo de ochenta y
ocho mil quinientos setenta y cuatro participantes.

Las pirámides verdaderas no son tan homogéneas,
pues en algunas ramas, se corta la progresión (con personas que sólo tienen un amante), y en otras se multi-
plica (con personas muy promiscuas), pero el fenóme-
no es real. Conocerlo, nos ayuda
a entender cómo se propagan
las enfermedades de transmisión sexual (ETS).

¿Cuáles son las ETS más comunes?

Aunque existen cinco *clási-
cas*: gonorrea, sífilis, chan-
cro blando, linfogranuloma

Y EL GANADOR DE LA ENFERMEDAD SEXUAL DE ESTA SEMANA ES...

venéreo y granuloma inguinal, hay otras que se propagan con mayor frecuencia actualmente[1] como el sida y el papiloma humano. Y aunque no lo creas, también puedes adquirir tifoidea, hepatitis o amibiasis, por vía sexual.

Para que te des una idea de la gravedad del problema, cada año se infectan de gonorrea en el mundo más de doscientos cincuenta *millones* de personas, y de sífilis, cincuenta millones.[2]

Las ETS representan casi la mitad de todas las enfermedades contagiosas en los adultos.[3]

El cuerpo humano *NO PUEDE* crear anticuerpos *contra ninguna* de ellas, por eso, alguien que sane de gonorrea un lunes, puede contagiarse nuevamente el martes.[4]

Hay dos virus que, por ser incurables y por su alta peligrosidad, merecen una explicación extra.

---

1 "Enfermedades de transmisión sexual", *El manual Merck...*, *cit.*, p. 279

2 *Ibid.*

3 Sthephen J. Bender, *Las enfermedades venéreas*, Edutex, San Diego State Collage.

4 David Barlow, *Que hay de cierto sobre las enfermedades venéreas*, Edamex, México, p.9.

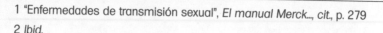

Papiloma humano.

Ocasiona verrugas grandes, frondosas y de aspecto muy desagradable en pene, ano, vagina, o boca, (cuando hay contagio por sexo oral).

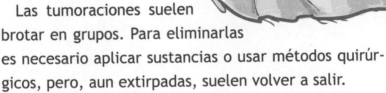

Las tumoraciones suelen brotar en grupos. Para eliminarlas es necesario aplicar sustancias o usar métodos quirúrgicos, pero, aun extirpadas, suelen volver a salir.

El virus papiloma provoca CÁNCER DE CÉRVIX en la mujer, y carcinomas vaginales.[5] Se ha comprobado una altísima correlación entre el virus papiloma y la aparición de PÓLIPOS CANCEROSOS.[6]

Sida.

El virus de inmunodeficiencia adquirida se transmite por contacto sexual, transfusiones sanguíneas sin control, uso de jeringas infectadas o accidentes.

Aunque es seguro vivir con una persona que tiene HIV, tocarla, abrazarla, compartir sus toallas o su comida, e incluso dormir a su lado, es peligroso:

---

5 "Carcinomas cervicales", *El manual Merck...*, cit.

6 David Barlow, *op. cit.*, y Academia Nacional de Medicina, *op. cit.*

• Usar su cepillo de dientes. A veces las encías sangran al momento del aseo y el virus puede alojarse en el cepillo. El peligro reside en que en la boca del receptor tal vez exista alguna pequeña herida que funcione como puerta de acceso.

ESTÁS USANDO MI CEPILLO DENTAL, Y TENGO SIDA...

• Usar sus hojas de afeitar. La sangre que se queda en las navajas cuando se produce una pequeña cortada puede entrar de la misma forma en la persona receptora.

• Tener relaciones sexuales con ella o sexo oral. El coito es el principal medio de contagio del sida.

El HIV puede vivir en el cuerpo de alguien durante varios años sin que haya ninguna manifestación. Así, el individuo puede, sin saberlo, contagiar a *toda su pirámide*.

Se calcula que, por cada diez personas enfermas de sida que lo saben, hay cien que tienen el virus sin saberlo y lo propagan.

El problema real del sida es que no puede acabarse con él, porque el virus cambia de forma y viaja, discretamente, de un país a otro, de una ciudad a otra y de una cama a otra.

¿Cuáles son los síntomas de una ETS?

Muchas enfermedades son silenciosas, pero tarde o temprano notarás algo raro. Pon atención a las señales:

* Comezón en los genitales o alrededor de ellos.
* Ampollas, granos, bultos que revientan; llagas suaves (dolorosas o no).
* Inflamación de los ganglios inguinales.
* Dolor o ardor al orinar.
* Fluidos por el pene o secreciones vaginales blancuzcas, amarillentas o verdosas.
* Deseos muy frecuentes de ir al baño.
* Dolor sordo en el abdomen bajo.
* Que tu *free*, novio o novia haga comentarios de que tiene molestias parecidas.

Si sospechas de una ETS, debes acudir al médico de inmediato. No existe otra opción, no postergues ni dudes. Si escondes el problema puede ser muy peligroso.

En algunos padecimientos, cuando avanzan a las fases mayores desaparecen los primeros síntomas;

¿DOCTOR, TENDRÉ UNA ENFERMEDAD VENÉREA?

¡PLOP!

entonces, quizá creas que te curaste mágicamente y guardes el secreto; lo que no sabes es que la enfermedad evoluciona de forma interna y puede estar a punto de provocar grandes estragos en tus riñones, corazón y cerebro.

¿El condón ayuda a evitar las ETS?

¡Por supuesto! Hay quienes dicen que las fibras del condón son demasiado grandes para detener el virus del sida. Aunque en efecto, el HIV es tan pequeño que podría traspasar la pared de un condón, para que esto sucediera, tendría que llegar aislado y puro, como en el laboratorio. Sin embargo, el virus del sida viene siempre dentro de una mezcla celular de secreciones que *sí* es detenida por el condón.

Para evitar contagios venéreos, se debe usar condón; pero no confíes ciegamente en él; puede romperse o zafarse.

Recuerda que los condones viejos son más riesgosos y el calor debilita sus fibras (un condón guardado en la guantera del auto o en una bolsa caliente es peligroso).

Debes revisar la fecha de caducidad impresa en algunas marcas y manejarlo con precaución, siguiendo todas las reglas, pues con suma frecuencia, antes o después de su uso, hay roce o intercambio de fluidos.

Ahora piensa: Los condones funcionan como soluciones de forma, pero en el fondo de la sociedad, la plaga venérea sigue propagándose.

Tarde o temprano los especialistas reconocerán que ante un azote así no sirven de nada las soluciones de forma. Debemos ir al fondo de las cosas.

En el tema de las epidemias venéreas, ocurre lo mismo. Deberíamos ir a la raíz del problema.

La gente de un poblado fue víctima de mosquitos muy agresivos. Pidieron ayuda a las autoridades. Expertos en insectos llegaron al lugar. Encontraron que la plaga provenía de un lago contaminado que se hallaba cerca. Si rociaban la zona con insecticida, los mosquitos se replegarían momentáneamente, pero volverían con más fuerza. Necesitaban ir al fondo del problema: si de verdad querían erradicar la plaga, era necesario descontaminar el agua del lago...

Todos deseamos tener políticos y empresarios honestos; ¿por qué nos cuesta tanto trabajo desear lo mismo para las parejas sexuales?

¡Hoy, es cotidiano que un esposo contagie a su mujer una enfermedad venérea!

¿No habrá llegado el momento de que jóvenes como tú comiencen a proponer nuevas formas de ética e integridad?

Toma decisiones personales y conviértete en líder de opinión.

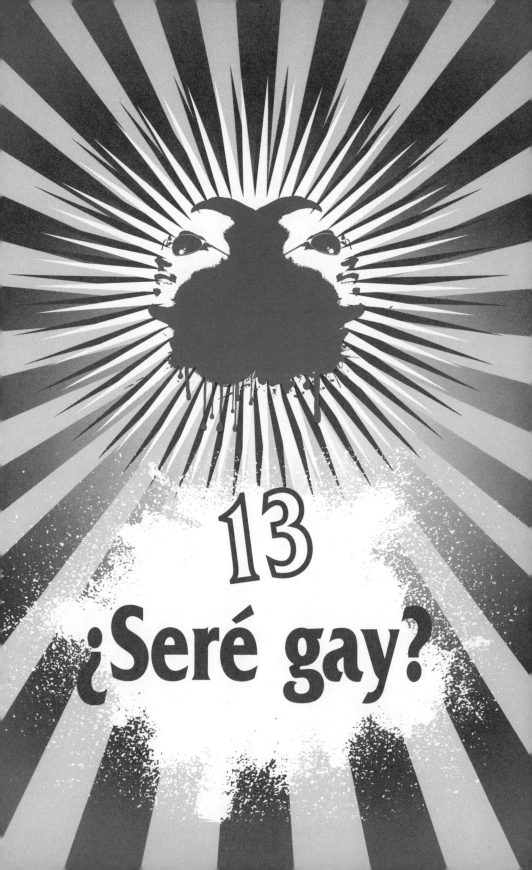

13

¿Seré gay?

La homosexualidad no es buena o mala. *Es*. Punto. Existe. Analicemos el tema objetivamente. Diciendo las cosas como son.

¿Se considera la homosexualidad una enfermedad?

Ahora, no. Antes de 1973, sí. Fue en ese año, cuando la Asociación Americana de Psiquiatría, eliminó la homosexualidad de su lista de enfermedades.

Pero conozcamos todos los hechos según lo publican Edwin Lutzer, Alan Sears y Criag Osten[1]:

> Por más de treinta años los activistas homosexuales, que hacen manifestaciones y protestas, buscaron que su estilo de vida se considerara normal. El cambio realizado por la Asociación de Psiquiatría Internacional en 1973, no fue a causa de datos científicos sino porque los radicales planificaron un esfuerzo sistemático para interrumpir las convenciones anuales de la asociación.

1 Edwin W. Lutzer. La verdad acerca del matrimonio homosexual. Portavoz. Michigan USA, 2005.

Tres años antes, los activistas secuestraron la reunión y tomaron el micrófono para decir: "La psiquiatría es el enemigo encarnado. Ha librado una guerra incansable de exterminio contra nosotros. Así que pueden tomar esto como una declaración de guerra contra ustedes".

Un destacado psiquiatra dijo que fue la primera vez en la historia de la psiquiatría que una sociedad científica ignoró la evidencia científica y cedió ante las presiones de un grupo militante que usó la intimidación.[2]

En 1994 los activistas homosexuales volvieron a atacar a los psiquiatras proponiendo imputar cargos penales a los médicos que aceptaran dar un tratamiento a los homosexuales, incluso ante la solicitud del paciente. Sólo cuando los doctores que objetaron esto, amenazaron con iniciar una acción legal contra la Asociación de Psiquiatría para obligarla a reabrir la decisión de 1973, los activistas se echaron para atrás.[3]

HOMOSEXUAL   PSIQUIATRA

2 Alan Sears y Craig Osten. La agenda homosexual. Broadman and Colman. Nasvillle USA, 2003

3 Ibíd.

Lo anterior, no significa que la conducta homosexual sea buena o mala; normal o anormal. Sólo que psiquiatras y homosexuales han tenido desacuerdos al respecto.

Por otro lado, la homofobia es un cáncer social.

Millones de fanáticos han atacado y condenado a los homosexuales. La discriminación hacia ellos ha sido cruel e injusta.

Nadie tiene derecho a agredir a otra persona, sólo porque sea diferente.

Esto es un hecho.

Pero analicemos el otro lado de la moneda.

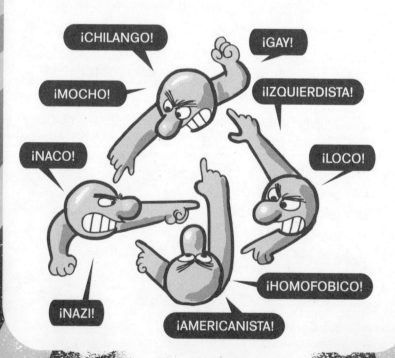

Los homosexuales Marshall Kira y Hunter Madsen en su libro *Después del baile*, ampliamente difundido entre la comunidad gay, aconsejan:

¡Hablemos de la homosexualidad tan fuerte y con tanta frecuencia como sea posible! Casi todas las conductas empiezan a parecer normales si uno está lo suficientemente expuesto a ellas. Retratemos a los homosexuales como víctimas, no como desafiantes retadores. Eso generará comprensión y hará que los heterosexuales comiencen a culparse entre sí de no proteger a las minorías. Hagamos que los homosexuales parezcamos buenos y nuestros agresores, malos. Solicitemos financiamiento a las corporaciones para promover la homosexualidad y neutralizar toda oposición. Tarde o temprano la estrategia funcionará.[4]

Un tema controversial.

Los homosexuales han luchado por sus derechos.

Hoy en día es signo de modernidad, tolerancia e intelectualidad declarar que la homosexualidad es natural. Quien opine lo contrario, es de inmediato tildado de intolerante, retrógrada o fundamentalista.

Esto ha traído un conflicto filosófico al mundo porque la Biblia, la Torá, el Corán y *todos* los textos sagrados

---

4 Ibíd.

de las grandes religiones incluyendo Budismo e Hinduismo indican que la homosexualidad es una falta moral.

Y es que cuando dos homosexuales llegan a la cama obtienen placer mediante la estimulación genital. Suelen usar la boca[5] para excitarse mutuamente; además, las mujeres emplean aparatos en forma de pene y los varones practican el sexo anal.[6] Dado que la función biológica del recto es muy diferente, la dinámica de los gays parece antinatural. Por otro lado, es cierto que también abundan matrimonios heterosexuales en los que el marido usa la vía rectal con su esposa para sentir más placer. En estricto derecho cometen la misma falta.

Para cerrar el punto y comprender por qué este tema es tan polémico, es importante aclarar que en la Biblia, la homosexualidad no se menciona como el pecado más grave sino como uno más, igual en importancia que muchos otros, practicados por los heterosexuales.

¿Qué tan frecuente es?

Algunos dicen que más del diez por ciento de las personas del mundo son

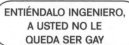
ENTIÉNDALO INGENIERO, A USTED NO LE QUEDA SER GAY

---

5 Tim La Haye. *Homosexualidad.* Mundo Hispano. USA.

6 En su búsqueda de mayores sensaciones introducen objetos cada vez más grandes al ano. Quienes llegan a introducirse el puño dañan el músculo del esfínter. (Referido por Tim La Haye, op. cit.).

homosexuales. Pero los datos comprobados dicen que sólo cinco por ciento de la población adulta lo es. Dos tercios de los homosexuales, son bisexuales también. Sólo cinco por ciento de los *gays* poseen aspecto afeminado (cuando son hombres) o varonil (cuando son mujeres), el resto (95%) parecen heterosexuales.[7]

Los homosexuales suelen tener numerosas parejas. Casi todos relatan experiencias dolorosas de cuando un amante los abandonó por otro. La inestabilidad afectiva es rasgo de muchos de ellos. Algunos alcanzan el número de mil amantes distintos en su vida.[8] Fácilmente mantienen relaciones íntimas con nuevos conocidos. La fidelidad es escasa, incluso entre quienes se unen para vivir juntos.

¿Se nace homosexual?

¿Es cuestión de hormonas?

Aclaremos este asunto de una buena vez.

Se informó en el *John Hopkins Medical Journal*,[9] que después de hacer análisis a hombres homosexuales muy afeminados se descubrieron niveles **normales** de hormonas masculinas.[10] Estudios contundentes han

---

7 *El manual Merck*.. , cit.

8 El número de mil amantes parece exagerado, pero casi todas las obras sobre el tema mencionan este dato, incluso *El manual Merck … op. cit.*

9 Academia Nacional de Medicina, op. cit.

10 Abrao de Almeida, Homosexualidad. Vida.

comprobado la falsedad de que las lesbianas o los *gays* tengan más hormonas del sexo opuesto.[11]

El doctor C. A. Tripp, reconocido psicólogo autor de *La matriz homosexual*, declara:

A través de los años, varios clínicos han administrado testosterona a hombres homosexuales. Los resultados han sido uniformes: cuando hubo modificación de comportamiento, los individuos se volvieron más como ellos mismos que nunca. Generalmente les aumentó el instinto sexual y a veces sus amaneramientos (cuando los tenían), pero NO HUBO MODIFICACIÓN DIRECCIONAL EN

11 Sólo en el raro caso de los hermafroditas (el bebé nace con los dos aparatos reproductores) es necesario definir el sexo mediante cirugía plástica y terapia hormonal; fuera de esa situación rara, no existen pruebas de *ninguna* condición de nacimiento. Además, se ha comprobado que ni los hermafroditas son homosexuales *natos*, pues siempre se comportan conforme al papel sexual, *único*, en el que son educados. Fuente: Academia Nacional de Medicina. Hermafroditismo.

SU INTERÉS SEXUAL. Estos experimentos han dejado bien claro que las hormonas juegan un papel importante en IMPULSAR la sexualidad humana, pero no controlan su orientación.[12]

Hay musculosos físicoculturistas homosexuales a los que *obviamente* no les faltan hormonas de hombre. Si se tratara de una sustancia faltante, hace muchos años que la homosexualidad hubiera desaparecido mediante la administración de medicamentos.

Entiéndelo y no te dejes engañar: Un hombre homosexual posee hormonas de hombre. Una mujer homosexual posee hormonas de mujer. No existe evidencia de ninguna condición hormonal o de nacimiento que propicie la homosexualidad. En cambio existen pruebas serias sobre el hecho de que la preferencia sexual tiene que ver con los complicados mapas psicológicos aprendidos y trazados en nuestro subconsciente desde la infancia y adolescencia.

---

12 Tim La Haye, op. cit.

Hechos que predisponen.

Los mapas conductuales de un homosexual pueden haber sido marcados con algunos condicionantes psicológicos:

◆ Falta de identidad con el padre del mismo sexo. Por ejemplo, un hombrecito que no tiene modelo masculino, o una mujercita a la que le falta su madre, o que, aunque la tiene, siente rechazo por ella.

◆ Recibir comentarios como "debiste haber sido niño(a)".

◆ Ser víctima de burlas escolares por la falta de una supuesta masculinidad o feminidad.

◆ Cultivar un carácter melancólico; romanticismo, introversión, idealismo extremo.

◆ Invertir la etapa infantil de *identidad sexual* que ocurre entre los cinco y los trece años de edad. (En

esta etapa, lo normal es que los hombres jueguen con hombres y las mujeres con mujeres; si un varoncito de entre cinco y trece años prefiere jugar siempre con niñas, o una mujercita con hombres, es posible que invierta también la siguiente etapa).

◆ Sufrir abuso sexual. Son muy comunes las historias de homosexuales que vivieron incesto, violación o acoso.

◆ Despertar prematuro al sexo. Ver el acto sexual o pornografía puede provocar en el niño morbo precoz, malicia o asco a las relaciones entre hombre y mujer.

◆ Tener contacto cercano con homosexuales. Como menciona el activista homosexual referido: "todas las conductas parecen normales si estamos suficientemente expuestos a ellas".

◆ Practicar masturbación en compañía de amigos del mismo sexo.

¡Tu mente manda!

Si eres hombre y te la pasas pensando en violar a una mujer, quizá llegues a hacerlo.

Si eres mujer y te dedicas a imaginar que te acuestas con tu novio, tarde o temprano lo harás.

¡No es difícil de entender! Te comportas conforme a los mapas conductuales que están trazados en tu mente. Son como las partituras para un músico. Interpretas lo que está escrito ahí. Tu cerebro controla deseos y gustos.

La atracción sexual, está grabada en tu mapa de conducta. Tú no elegiste ese mapa, sin embargo, una

vez que lo descubres y analizas, tienes poder para borrar líneas y modificar tendencias. También, si quieres, puedes remarcar las mismas rayas y reforzar tus preferencias.

Los homosexuales no decidieron ser homosexuales, es cierto, pero también es cierto que no son personas encadenadas ni atrapadas sin salida en un cuarto de gustos y obsesiones. Tienen poder sobre su mente como cualquier otro ser humano.

No estoy sugiriendo que si te atrae una persona del mismo sexo, *debas* tratar de cambiar tu mapa, sólo te digo que *puedes* hacerlo (si quieres).

Y si quiero, ¿cómo lo hago?

Para modificar un mapa de tendencias, sean cuales sean, (adicción a la pornografía, a la masturbación, al sexo libre o *frees*, a la infidelidad, al intercambio de parejas o al erotismo con personas de tu mismo sexo), en primer lugar precisas quebrar tu orgullo. Aceptar que deseas cambiar.

No podrás hacer ninguna modificación en estas materias si no eres tú quien voluntariamente lo busca y lo quiere. Todo depende de ti. De nadie más.

Si tienes convicción de ello, aprende a romper el círculo vicioso de "fantasías mentales - prácticas sexuales". Esto te puede costar mucho trabajo e incluso puede dolerte emocional y físicamente.

Busca ayuda de un grupo de heterosexuales maduros que trabajen en este servicio. Hay muchos, aunque no lo creas.[13]

13 (Ch-K) www.carloscuauhtemoc.com, en el e-mail de consultas.

Evita lugares de reunión con *gays* y corta tus amistades homosexuales.

También es posible que, en la adolescencia, los bombazos de hormonas te confundan en detalles como tu orientación sexual. No te preocupes. El hecho de que admires la belleza de personas de tu mismo sexo, o sientas afecto hacia un amigo o amiga no te hace gay o lesbiana. Muy pronto, toda esa revolución psicosomática pasará.

Y recuerda: Los diseños masculinos y femeninos son perfectamente complementarios. Hombre y mujer tienen lo que al otro le falta. Embonan naturalmente.

Las decisiones que tomes en materia sexual, pueden ser diferentes a las que tomen otros, pero siempre y, a como dé lugar, deben *dignificarte* como persona.

Eres joven, estudiante; de pronto, te enteras que estás embarazada o que tu novia lo está...

Si es tu caso, lee el capítulo con atención. Si no lo es, piensa que lo es. Hazlo como un ejercicio intelectual.

El embarazo para *ella.*

Todo está cambiando. Mi piel se estiró, mis tejidos se reacomodaron, mis senos crecieron, mis pezones se oscurecieron, mi vejiga se movió. Pero no sólo mi cuerpo se ha transformado; también mi mente. Siento

MADRE... ESTOY EMBARAZADA

los movimientos y aún los estados de ánimo de un pequeño ser humano dentro de mí. Sé que estoy dando vida a otra personita. Yo no deseaba este embarazo. Tengo temor. Es demasiada responsabilidad, porque también mi futuro está cambiando. Nada volverá a ser igual.

El embarazo para él.

Primero me enfurecí. Hice lo más cobarde y usual: insulté a mi novia; le dije que ella tuvo la culpa porque no se cuidó, y que tal vez el hijo provenía de otro amante. He querido olvidar el asunto, pero en realidad yo sé que ese bebé es mío; tiene la mitad de mi sangre. No quiero que ella aborte, porque no deseo ser cómplice de asesinar a un hijo. Al menos eso me han dicho y eso creo, pero tampoco me voy a poder hacer cargo de él si nace; crecerá sin papá. Mi novia me escribió una nota diciéndome que yo le robé sus planes de vida y sus sueños... Le contesté que está loca. Además, ¿acaso piensa que yo no perdí nada?

Imagina.

Te equivocaste. Estás en pleno embarazo no deseado. Si eres mujer, hay un embrión vivo, alimentándose de ti y creciendo cada segundo en tu vientre. Si eres hombre, estás consciente de tu compromiso. Sabes que sedujiste a esa chica y debes enfrentar el hecho.

Bien. ¿Cuáles son tus opciones?

De entrada, sólo dos:

1. Tener el bebé.
2. Abortar al bebé.

La primera con tres variantes:

      a. Darlo en adopción.

      b. Ser padre o madre soltera.

      c. Casarte.

No será fácil decidir.

Infórmate. Acude a médicos o consejeros. Lee otros libros además de éste; busca el testimonio de diferentes personas. Después visualiza; imagina lo que pasará...

¿Hacemos un ensayo?

1A. DAR AL BEBÉ EN ADOPCIÓN.

Los padres adoptivos, pueden garantizarle a tu hijo uno de los derechos básicos de todo niño:

Ser deseado.

Según datos sociológicos, los hijos *deseados* tienen siempre mejor destino que los indeseados.

Sin embargo, un recién nacido es el ser más vulnerable. Su vida depende de en qué manos caiga.

Hay dos reglas básicas que debes seguir.

No lo vendas. Por ningún motivo aceptes dinero a cambio de dar a tu hijo en adopción.

No trates de ser tú quien evalúe la calidad moral, emocional o económica de la familia que se quedará con tu bebé. Para ello existen organismos especializados. Enfócate en elegir la mejor institución de tu país. Investiga; halla a los expertos comprometidos con altos ideales, amparados por el gobierno, y después, confía en ellos; déjate guiar.

Analiza este ejemplo:

Mi ex novio estaba muy borracho cuando me violó.

Reconozco que yo tuve algo de culpa porque me encontraba con él en el momento y lugar equivocados. Quedé embarazada. Yo era demasiado joven. No tenía dinero ni apoyo de mi familia. Si me quedaba con el bebé, ambos tendríamos una vida de carencias, problemas y amargura. Él merecía algo mejor. Darlo en adopción fue la decisión más difícil que he tomado. Llené los formularios y firmé. Me sedaron por completo al final del parto, y nunca vi a mi hijo. Lloré mucho porque renuncié a él para darle mayores oportunidades. Muchas mujeres

no entienden esto, pero yo sé que la adopción es un legítimo y verdadero acto de amor. Donde quiera que esté, pido por mi hijo en mis oraciones.

1B. SER PADRE O MADRE SOLTERA.

Analicemos ahora la posibilidad de que te quedes con tu bebé y formes con él una familia de un solo progenitor.

¿Eres hombre? Lee esto.

Mi novia me preguntó si yo quería quedarme con el bebé, porque ella había decidido darlo en adopción. Durante tres noches me la pasé sin dormir. ¡Tenía diecinueve años y estaba empezando mi carrera! No podía criar a un niño, pero tampoco podía olvidarme que existía. Hablé con mis papás. Les dije que deseaba hacerme cargo de mi hijo, pero que necesitaba su ayuda. No lo dudaron. Así comenzó mi aventura. Yo no sabía ni cambiar un pañal. Mamá cuidaba al pequeño de día y me lo dejaba por las tardes. Tuve que sacrificar muchas cosas. Dejé de salir con amigos y chicas.

Pensé que no tenía caso buscar otra novia porque ninguna mujer me iba a querer, pero fue al revés. Cuando mis amigas se enteraban de que yo era padre soltero, se les hacía muy raro y sentían atracción por mí. Una maestra me explicó que a la vista de todos, un padre soltero es alguien responsable que ha actuado con nobleza, reconociendo sus errores y enmendándolos, pero también me explicó que las madres, no suelen tener la misma suerte.

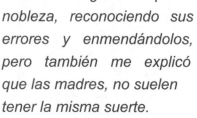

Ahora ve el testimonio de una mujer.

Tuve a mi bebé por vía natural. Fue un parto dolorosísimo y quedé como guiñapo. Estuve muy deprimida al principio. Me sentía muy sola, pero a los pocos meses, comencé a tener pretendientes. Eso me animó hasta que me di cuenta de que sólo querían tener sexo conmigo. Muchos creen que las madres solteras estamos "urgidas". Entonces me olvidé de los hombres y comencé a vender perfumes para pagar los gastos y una niñera de medio tiempo.

Estudiaba, trabajaba y atendía al niño. Era una locura. Jamás me imaginé una juventud así, pero poco a poco me di cuenta que tenía energía de sobra. ¡Mi bebé me inyectaba motivos para superarme! Era como si ser madre hubiera acelerado mi metabolismo y mi madurez. Antes, era medio apática, pero me hice perseverante, adaptable y luchadora.

Cuando alguien se burló de mi niño, supe lo que es defender a un hijo como la leona que cuida a sus cachorros.

Si decides quedarte con tu bebé, quizá al inicio sentirás inhibición o vergüenza, pero después lo superarás y hasta estarás feliz, porque tu problema se convertirá en tu más grande fortaleza.

En aras de la dignidad, si decides ser madre soltera, jamás, (¡por ningún motivo!) registres a tu bebé como hijo de tus padres y te finjas su hermana mayor. Puedes equivocarte en muchas cosas, pero no seas deshonesta ni idees mentiras que requieras mantener durante toda la vida.

La verdad siempre sale a la luz. Así que, desde un principio, vive tu verdad.

(Por supuesto que el mismo precepto de honradez, se aplica si eres hombre y decides ser padre soltero).

1C. CASARTE.

Ésta es otra de tus opciones.

Antes que nada: Por ningún motivo te cases a la fuerza ni permitas que otras personas te obliguen a hacerlo con chantajes o amenazas.

¿Tú y tu pareja desean casarse por voluntad propia, pero ambos dependen económicamente de sus padres? Si es así, quizá precisen vivir como huéspedes en el domicilio paterno de uno de los dos. Este escenario puede llegar a ser tétrico pues estarán bajo la cobertura y autoridad de los suegros o papás; no tendrán autonomía; no madurarán; enfrentarán desacuerdos sumamente desagradables y su amor difícilmente sobrevivirá.

Piensa en todo eso.

¡Si deseas casarte, está bien!

Es una decisión responsable. Pero lucha por vivir lo más pronto posible *a solas* con tu esposo o esposa ¡Córtense el cordón umbilical! Independícense de sus familias de origen y enfrenten, con su hijo, el reto de formar un hogar verdadero.[1]

2. ABORTAR.

El aborto es la interrupción deliberada del embarazo, normalmente antes de la decimosegunda semana de gestación.

Para comprender el tema debemos repasar lo que ocurre en ese lapso: Entre las primeras cuatro semanas, el corazón del feto comienza a latir, se moldean los ojos, el cerebro, los pulmones, la columna vertebral, el estómago, el hígado y los riñones. *En la cuarta semana* se forman brazos y piernas. *En la quinta*, las extremidades tienen pequeños dedos, los ojos pueden ver, los oídos pueden escuchar. *En la octava*, el bebé responde a las cosquillas, el cerebro está completo. *A las doce semanas* los sistemas funcionan sincronizadamente, los músculos y los nervios están hilados.

La medicina moderna cuenta con recursos sofisticados.

Ha penetrado hasta el mundo del embrión y entiende a ciencia cierta que su corazón late, posee ondas

---

1 Para visualizar mejor esta opción lee el capítulo sobre matrimonio.

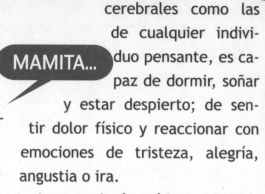

cerebrales como las de cualquier individuo pensante, es capaz de dormir, soñar y estar despierto; de sentir dolor físico y reaccionar con emociones de tristeza, alegría, angustia o ira.

La tecnología médica permite, en la actualidad, proporcionar tratamiento con antibióticos, realizar pequeñas cirugías e incluso cambiar la sangre de un bebé en gestación. En estricto derecho, se trata de un paciente más, diferente a la mamá.

¿El feto es o no una persona?

Hoy en día hay mucha gente a favor del aborto. El debate respecto a si el aborto es moralmente correcto proviene de una pregunta cardinal: ¿El feto es o no una *persona?*

Quienes promueven el aborto definen a una "persona" como "alguien capaz de razonar y tener autoconciencia", por lo que, para ellos, un embrión no lo es, como tampoco lo sería un anciano enfermo o alguien en estado de coma. Por otro lado, la ciencia nos dice que un embrión contiene el genoma celular completo, único y exacto de todos los seres humanos. Técnicamente es una *persona en formación* con el potencial absoluto para desarrollarse como cualquiera de nosotros. Lo único que necesita es **tiempo**.

Para saber si el aborto es moralmente correcto no necesitamos acudir a la religión ni a la metafísica. Bastan los hechos objetivos: Una roca, una lechuga, e incluso un espermatozoide por sí solos no son personas pues *por más tiempo que les demos*, jamás se desarrollarán como tales...

El embrión sí.

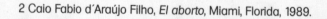

Cuando una madre decide abortar...

No piensa en evitar sufrimiento a su hijo sino en evitárselo a ella misma. Es como si una mujer mayor recibiera un *e-mail* de su hijo que vive en el extranjero, avisándole que ha decidido llegar para instalarse definitivamente junto a ella. Como la noticia le causa gran incomodidad, decide contratar a un asesino a sueldo para que mate al joven antes de que tome el vuelo.

Cuando un feto es extraído quirúrgicamente suele luchar por sobrevivir, a menos que como ocurre con frecuencia, el médico abortista lo ahogue o asfixie.[2]

---

2 Caio Fabio d'Araújo Filho, *El aborto*, Miami, Florida, 1989.

Visualiza tu aborto:

Te someterás a una intervención quirúrgica en la que los médicos extraerán de tu cuerpo a un pequeño ser vivo, hijo tuyo pero diferente a ti. Después de eso, tratarás de pretender que sólo te extirparon una especie de tumor, pero quizá después al ver correr y jugar a niños cerca de ti recordarás "el tumor" a quien no le diste la oportunidad de jugar y correr. Entonces procurarás distraerte con múltiples actividades. En la soledad de tu habitación tomarás alguna pastilla para dormir y evitarás así la imagen mental del bebé que en alguna ocasión sentiste dentro de ti y que te acompañará en tu mente quizá durante mucho tiempo.

SI NO VIVES UN EMBARAZO TODAVÍA, RESPIRA.

Todo fue una suposición. No estás embarazada. Tu novia no lo está. Vuelve a tu juventud alegre, llena de planes, y por favor, piensa muy bien las cosas antes de tener relaciones sexuales. Ningún juego erótico vale la pena, ante la posibilidad de un embarazo no deseado.

¿Eres de los que cuando preguntan tu estado civil gritas a voz en cuello "Soltero (a) hasta la muerte"?, y si insisten cuestionando "¿te piensas casar"?, ¿respondes "ni Dios lo quiera"?

¿No crees en el compromiso *permanente* porque has visto demasiados cuentos de hadas que se convierten en historias de terror?

¡BLANCA NIEVES, MIS FRIJOLES!

Un joven me decía:

Aunque las novelas terminan así: "fueron felices para siempre", yo sé que si me comprometo con una mujer de por vida, no seré feliz para siempre. Tengo un amigo cuya novia parecía muy sensual, pero después de la boda se volvió neurótica. Mi amigo engordó y se hizo apático. He sabido de muchos divorcios y no quiero ser otro más en las estadísticas… pero como tampoco me agrada vivir solo como poste, tal vez simplemente me mude con mi novia; así, cuando se ponga histérica y comience a aventarme las cacerolas podré llamar a la policía para que se la lleven.

Hace algunos años, la pregunta era: "¿Unión libre o matrimonio? Hoy las cosas han cambiado, porque existen *uniones libres* que duran toda la vida y *matrimonios* que duran un año o menos.

Las *formas* son nuevas.

Actualmente cualquier "sociedad de convivencia" tiene derechos y responsabilidades legales. Aunque el matrimonio sigue existiendo, están de moda los contratos prenupciales y los arreglos temporales. Así que cuando llegue el momento en que desees vivir con tu pareja (tu cuerpo y mente te lo van a pedir), la pregunta *de fondo* será ésta:

> ¿Me comprometo de por vida o
> sólo por un tiempo?

¿COMPROMISO PERMANENTE O TEMPORAL?

Muchos jóvenes dudan al respecto. No es un problema simple. Analicemos por qué.

El meollo del asunto es que nadie quiere ser infeliz.

Anhelamos la felicidad...

¿Pero qué rayos es eso?

Hay mujeres que son felices yendo de compras, hombres que son dichosos arriesgando la vida en deportes extremos y suegras que son felices haciendo infelices a sus yernos. La felicidad es un concepto efímero. Tiene que ver con deleites momentáneos, no siempre constructivos. Un adicto a los alucinógenos será feliz haciendo viajes astrales, un aficionado al nudismo, le hará dichoso cantar encuerado bajo la lluvia, y un travestido

¡FELICIDAD, REGRESA!

paracaidista será feliz arrojándose de un avión vestido de china poblana. *Todo es cuestión de gustos y momentos personales.*

Así que desliga la palabra "felicidad" de "compromiso *permanente*". No tienen nada que ver. Ni te casas ni te divorcias para ser feliz. Tampoco para ser infeliz.

¿Quieres hacer relaciones mentales?, mejor conecta la idea "compromiso *permanente*" con "carrera profesional". Se parecen más.

Lo eliges para crecer.

En la escuela aprendes, maduras, razonas más y mejor (en el compromiso *permanente* también); en la escuela a veces eres infeliz; durante épocas de exámenes, concursos o presentaciones, sufres (en el compromiso *permanente* también). En la escuela obtienes grandes satisfacciones, conoces gente, te enamoras, recibes diplomas y grados (en el compromiso *permanente* también).

Hay quienes eligen una carrera profesional fácil para que no les cueste trabajo estudiarla; otros siguen la que creen más lucrativa para ganar mucho dinero con poco esfuerzo. Ni unos ni otros entienden que lo valioso de una profesión no es el título sino la madurez, la velocidad de pensamiento, la capacidad de análisis, la agudeza mental, los hábitos de lectura, la disciplina de trabajo, la amplitud de ideas y el buen juicio que obtienen con ella.

No importa si tu diploma enmarcado dirá "Médico cirujano" o "Ingeniero industrial", sino el porcentaje del título que será verdadero porque lo respaldarás con tus conocimientos y el porcentaje que será fraude...

Si estudias *bien* una carrera profesional, madurarás más y lograrás un mayor criterio que si decides *no* estudiar.

Lo mismo sucede con el compromiso *permanente*. Quien se decide a tener uno, acepta el pacto de crecer.

Ahora analicemos el compromiso *temporal*.

Muchos lo eligen porque desean asegurarse de no cometer errores demasiado grandes. Es un razonamiento lógico. Si se equivocan, vuelven a empezar con otra persona. Repiten el ciclo de forma interminable. El problema es que cada intento suele darse dentro de un marco psicológico muy endeble, porque ninguna relación de pareja funciona a largo plazo a menos que los participantes *decidan* que es la única y definitiva.

Sólo a partir de decisiones radicales se hacen grandes cosas.

Por ejemplo. ¿Tienes este libro en las manos? A ver. *Intenta* tirarlo al suelo. Concéntrate con todas tus fuerzas y trata de dejarlo caer. Si *intentas* hacerlo, nunca lo harás. Las cosas se hacen haciéndolas.

Imagina un joven que terminó su bachillerato e *intenta* estudiar una carrera. Lo *intenta* con todo el corazón, pero nunca lo hace. Está esclavizado al temor.

Tener una pareja y "juntarse" para vivir a prueba con ella es *intentar* crecer y madurar. Sólo intentar. La prueba eventualmente saldrá mal.

¿Quién es más libre?

PRIMER CASO: Alguien que conserva su cómoda soltería a ultranza y disfruta el éxtasis de muchas relaciones superficiales.

SEGUNDO CASO: Alguien que, a su debido tiempo, se lanza a la aventura de responsabilidades adultas, y forma su propio hogar con una pareja definitiva...

De nuevo. ¿Quién es más libre?

¿No será que la persona del primer caso actúa como un animalito acostumbrado a la comodidad y placeres de su jaula, y el segundo como un águila que se niega a vivir en el gallinero?

¿Con qué modelo te identificas?

Al fondo de la granja de un porcicultor había varios puerquitos bañándose en el lodo. Eran muy felices. No había barda ni cerca que les impidiera huir. Hubieran podido correr hacia su libertad. Pero ninguno lo hizo. Estaban extasiados en el charco que conocían... Le temían a la libertad.

Aunque te parezca difícil de creer, vale la pena trazar este nuevo concepto en tu mapa mental:

El verdadero amor libre se vive al escapar del miedo, la inseguridad y la adicción al sexo, para emprender una hazaña hacia la madurez del compromiso permanente.

Yo también quería "juntarme" con mi novia.

Era prisionero de los deleites vanos. Igual que aquellos cerditos. Conocí a una chica que no quiso retozar conmigo en el lodazal. La presioné hasta el cansancio. Ella me invitaba a salirme de la granja y correr juntos hacia la aventura de la libertad. En otras palabras, deseaba un compromiso *permanente*; así que decidí dejarla ir... yo no estaba listo para algo así. Pero comencé a soñar con ella. Su recuerdo me perseguía como mi sombra. Yo la amaba, entonces ¿por qué no me atrevía a más? Volví a su lado y le hice la mejor propuesta que pude: "Simplemente vivamos juntos".

Yo creía que "casarse" era "encadenarse", mientras que "vivir juntos" era "permanecer en libertad". Ella me hizo ver lo contrario.

—El término *"amor libre"* es contradictorio en sí mismo —me dijo—: el que ama se compromete con altos ideales y ese compromiso es lo que le permite amar sin límites de entrega ni de tiempo.

En *Juventud en éxtasis* parafraseé la siguiente carta que me escribió mi esposa cuando, siendo novios, yo le propuse "juntarnos" en un compromiso *temporal*.

Aquí te presento la versión completa.

Tú eres un conquistador. Te gusta alcanzar cimas que otros no logran. De hecho has logrado varias tú solo. De acuerdo. Está bien. Puedes seguir así por siempre. Sin ayuda y sin compartir tu éxito con nadie, pero tal vez te volverás uno de esos solitarios egoístas intolerantes que llevan la vida a su manera.

Yo también soy conquistadora. Y estoy decidida a hacer expediciones más grandes cada vez, pero acompañada. Quiero amar y ser amada. Seguir escalando montañas, ayudada por mi esposo y ayudándolo a él. Llevar la vida a la manera de ambos.

Nuestros proyectos se parecen, pero no son iguales.

Tú me has sugerido que vivamos juntos, así nada más. Dices que podremos rentar un departamento y mudarnos para probar. ¿Probar qué? ¿El sexo? ¿Y después de la prueba, qué? Hasta los postres más ricos empalagan. Yo pienso en ti como algo más completo que sólo sexo... ¿tú no? ¿Quieres una concubina? ¿Y para qué te tomas tantas molestias? A mí, sinceramente la opción de vivir juntos para "probar" me suena a tibieza, a falta de carácter...

Dices que no tienes dinero ni estamos preparados para enfrentar todos los gastos que exige un compromiso permanente. ¿Pero qué pareja está preparada? ¡Preparémonos juntos! Trabajemos. Construyamos nuestro futuro. Yo creo que casarse no es una meta, sino un medio para lograr las metas.

Si nos casamos, emprenderemos un viaje muy difícil. Es cierto; tendremos que pasar por un largo periodo de adaptación. Quizá transcurrirán años y no terminaremos de aprender a convivir como pareja. Será complicado, pero valdrá la pena, porque cuando todo parezca ponerse en contra tuya, cuando caigas y te sientas derrotado, sabrás que habrá alguien que te espera con los brazos abiertos, que te ama, que se siente mal por tu tristeza, que estará a tu lado siempre, no importando los giros de tu fortuna.

Y si es tarde y no has llegado a casa, tu esposa estará despierta, mirando el teléfono y asomándose por la ventana cada vez que oiga un auto. Y a mí, cuando los niños me falten al respeto, cuando el trabajo de la casa me agobie, cuando mis planes se deshagan y todo parezca venirse abajo, mi esposo me apoyará, me tomará de la mano y me dará fuerzas, como un amigo sincero en cuyo pecho podré llorar abiertamente, sin vergüenza ni temor.

Así como compartiremos el dolor, también

estaremos juntos para vivir las alegrias de nuestros logros, la felicidad de las fechas importantes, la belleza de ver crecer a nuestros hijos.

Y cuando apaguemos la luz después de un dia intenso tendremos a quien abrazar por debajo de las sábanas para quedarnos dormidos al calor de su cuerpo.

¿Quien podía resistirse ante una carta así?

Por supuesto, yo no. Claro que sólo necesitaba un empujoncito. Esa mujer cumplía todos los requisitos que buscaba. Ah, porque hay requisitos que debemos revisar antes de decidirse finalmente por un compromiso *permanente*...

Veamos.

16

Casados o cazados

Un joven amigo me dijo:

—Quiero vivir con mi novia para siempre, pero la palabra "casarse" me suena a cacería; como que me "cazaron". Las mujeres van a su boda de blanco porque es sinónimo de júbilo y los hombres, de negro, porque es señal de luto.

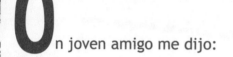

BLANCO: GOZO
NEGRO: LUTO

Sonreí. Es increíble cómo los chistes se quedan en la mente y forman *mapas de conducta*.

—¿Y para qué deseas vivir con tu novia?

—Para formar una familia...

—¿Te refieres a tener hijos?

—Puede ser.

—¿Y cuál es el ambiente ideal para que los niños crezcan?

—¿El matrimonio?

—No sé... Tú dímelo.

—¡Pero está demostrado que a la larga, los esposos pierden la pasión sexual!

—¿Quién lo demostró?

—Eso dicen.

—¿Y no crees que también existen casos en los que al paso de los años los cónyuges se aman y desean más cada día?

—¡Con el tiempo las personas cambian! —respondió. Tengo un amigo al que le gustaban las mujeres llenitas, pero cuando se casó a su esposa se le pasó la mano...

> YA NO ME AMAS, ME DIJISTE QUE TE GUSTABAN RELLENITAS

—Eso no es una regla. No siempre la gente cambia para mal. Al contrario. Todo es cuestión de cuidarse y cuidar la relación. El matrimonio puede convertirse en una aventura extraordinaria.

—¿De veras? ¿Entonces no debo tener miedo? Quiero decir. Son mentira todas esas bromas de que el matrimonio es la única guerra en la que se duerme con el enemigo y de que la pareja se aburre tanto del sexo que dicen "otra vez lo mismo" y mejor van al refrigerador, para comer y engordar... Perdón, soy malo contando chistes.

—Ya me di cuenta. Pero entiende esto: cuando te cases, tú y tu esposa dormirán desnudos todas las noches, *si quiere*n. ¿Sabes lo que eso significa? Aunque se irán conociendo centímetro a centímetro, nunca terminarán de aprender y descubrirse. ¡El sexo en el matrimonio es una aventura continua! Sólo se acaba cuando ambos lo permiten. Hacer el amor libremente es un privilegio extraordinario que debe cuidarse como el mayor tesoro. Si lo hacen, ni siquiera la llegada de los hijos lo deteriorará. Cada año que pase, ustedes se fundirán en cuerpo y alma, se amarán y anhelarán más sexualmente.

—Nunca había escuchado ese punto de vista.

Después de charlar con mi joven amigo, deduje que en efecto, nadie puede casarse sin saber lo que está haciendo. Hay dos requisitos que debemos revisar. Pero antes, quiero dejar bien claro uno de los puntos que él refirió.

Déjame hacerte una pregunta crucial.

¿Has pensado en tener hijos?

Obedeciendo el proverbio, quizá quieras sólo sembrar un árbol o escribir un libro. O tal vez prefieras adoptar un ornitorrinco para enseñarle todo lo que sabes. Cada uno dejamos huella de diferentes formas, pero si de casualidad pretendes tener hijos, *deberías casarte*.

Esto es un precepto que dignifica a los niños y les brinda seguridad y estabilidad para su crecimiento.

Los hijos no son mascotas ni bicicletas. No crecen en macetas ni se desarrollan por sí solos. ¡Necesitan a su madre y a su padre para aprender *todo* y forjar su carácter! Son palabras mayores... Y algunas personas no estamos hechas para palabras menores. Nos gustan los retos grandes.

Si decides casarte...

Emprenderás una gran aventura, porque el matrimonio es para siempre. Así que no lo hagas sin pensarlo bien.

Además de los requerimientos básicos que ya estudiamos en el tema del noviazgo, hay dos puntos neurálgicos que te conviene examinar.

1. QUE HAYA PASIÓN. Ambos deben estar convencidos de su amor. Dispuestos a todo por defenderlo.

Asegúrate de que tu pareja te fascine, física y mentalmente. Debes desearla, sentir una intensa atracción por ella y una inconfundible vibración sexual cuando estés a su lado...

2. QUE LES CONVENGA A AMBOS.

El matrimonio es un intercambio diario. Amarse no es suficiente.

Comprueba que tu futuro cónyuge es trabajador, perseverante, incansable, productivo.

Fíjate que pueda ofrecerte lo que necesitas. Que sabe moverse y no será una carga para ti, sino una ayuda ideal.

Comprueba que no tenga vicios destructivos, no diga mentiras ni haga negocios sucios.

Asegúrate de que pueda y quiera donar su tiempo y bienes materiales a la sociedad conyugal, pero sobre todo que desee dar por completo su carácter, y corazón.

Asegúrate de que sea responsable e independiente de sus padres... Que se corte el cordón umbilical de tajo. *El matrimonio les debe convenir a ambos.*

Haz que sucedan grandes cosas.

Hay muchos quejosos por haberse equivocado, según ellos, al escoger carrera o cónyuge, pero en realidad no existen ni las carreras ni las parejas perfectas. Somos nosotros quienes hacemos que las cosas funcionen.

Para madurar, es indispensable hacernos cargo de nuestras responsabilidades. Jamás hallaremos la felicidad de crecer mientras esperemos que otros resuelvan nuestros problemas.

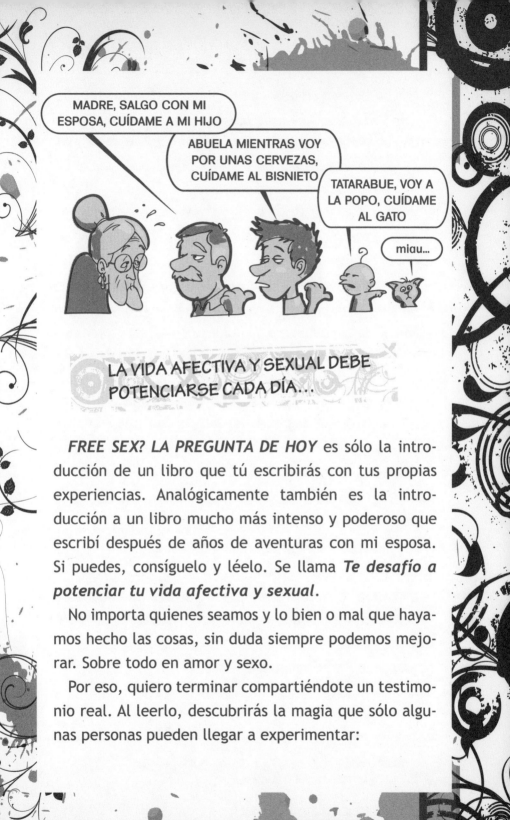

LA VIDA AFECTIVA Y SEXUAL DEBE
POTENCIARSE CADA DÍA...

FREE SEX? LA PREGUNTA DE HOY es sólo la intro-
ducción de un libro que tú escribirás con tus propias
experiencias. Analógicamente también es la intro-
ducción a un libro mucho más intenso y poderoso que
escribí después de años de aventuras con mi esposa.
Si puedes, consíguelo y léelo. Se llama *Te desafío a
potenciar tu vida afectiva y sexual*.

No importa quienes seamos y lo bien o mal que haya-
mos hecho las cosas, sin duda siempre podemos mejo-
rar. Sobre todo en amor y sexo.

Por eso, quiero terminar compartiéndote un testimonio real. Al leerlo, descubrirás la magia que sólo algunas personas pueden llegar a experimentar:

Mis padres vivieron cincuenta y cinco años casados.[1]

Una mañana, mamá bajaba las escaleras para prepararle a papá el desayuno y sufrió un infarto. Cayó. Mi padre la alcanzó, la levantó como pudo y casi a rastras la subió a la camioneta.

A toda velocidad, rebasando, sin respetar los altos, condujo hasta el hospital. Cuando llegó, mi madre ya había fallecido.

Durante el sepelio, papá no habló. Su mirada estaba perdida. Casi no lloró. Esa noche sus hijos nos reunimos con él. En un ambiente de dolor y nostalgia recordamos hermosas anécdotas. Papá nos preguntó dónde estaría mamá en ese momento. Comenzamos a conjeturar. A hablar de la vida después de la muerte, y de dónde se encontraría ella. Mi padre escuchaba con gran atención. De pronto pidió:

—Llévenme al cementerio.

—¡Son las once de la noche! —respondimos—, no podemos ir al cementerio ahora.

Alzó la voz, y con una mirada vidriosa dijo:

—¡No discutan conmigo, por favor! —el labio le temblaba—. No discutan con el hombre que acaba de perder a la que fue su esposa por cincuenta y cinco años.

Se produjo un respetuoso silencio.

No discutimos con él.

---

1 Parafraseado a partir de la referencia hecha por Anthony Campollo. *Es viernes pero el domingo viene.* Vida.

Fuimos al cementerio, pedimos permiso al velador, con una linterna llegamos a la lápida. Mi padre la acarició, y nos dijo:

—Fueron cincuenta y cinco buenos años... ¿Saben, hijos?, nadie puede hablar del amor verdadero si no tiene idea de lo que es compartir la vida con una mujer así —hizo una pausa y se limpió la cara—. Ahora se ha ido y estoy contento, porque se fue antes que yo; no tuvo que vivir la agonía y el dolor de enterrarme, de quedarse sola después de mi partida. La amo tanto que no me hubiera gustado que sufriera...

Cuando mi padre terminó de hablar, mi hermano y yo teníamos lágrimas en el rostro. Lo abrazamos y él nos consoló:

—*Todo está bien, hijos, podemos irnos a casa; ha sido un buen día...*

Entonces comprendí lo que es el verdadero amor...

Mis padres supieron disfrutarse intensamente. Estuvieron juntos durante los momentos de crisis, se apoyaron cuando él cambió de empleo; empacaron y viajaron cuando vendieron su casa y se mudaron a otra ciudad; compartieron la alegría de ver a sus hijos terminar las carreras; lloraron uno al lado del otro la partida de seres queridos; rezaron juntos en la sala de espera de algunos hospitales; se apoyaron en el dolor; se abrazaron en cada Navidad. Se perdonaron sus errores...

Esa noche entendí que el verdadero amor es algo muy diferente al romanticismo puro; no tiene que ver con el erotismo solo. Es una combinación de ambos. Se da cuando dos personas deciden caminar de la mano por la vida para crecer, y complementarse. Cuando dos enamorados unen sus visiones y hacen todo lo posible por comprenderse y perdonarse cada día...

La perspectiva de mi propio matrimonio cambió desde entonces.

Ahora lucho por algo de lo que muchos hablan y pocos comprenden:

Vivir el amor verdadero...

Conoce la serie infantil y juvenil

Sangre de Campeón

CONOCE LAS 24
CUALIDADES QUE TE
DISTINGUEN

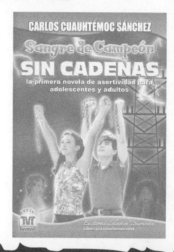

UN LIBRO PARA
FORTALECER TU
AUTOESTIMA
Y ASERTIVIDAD

LA NOVELA QUE
SINTETIZA LOS 5 PRINCIPIOS
REALES PARA TRIUNFAR
EN LA VIDA

CONOCE LAS CARACTERÍS-
TICAS DE LAS 20 DROGAS
MODERNAS MÁS USUALES

Esta obra se terminó de imprimir el mes de marzo de 2009

en los talleres de Gráficas Monte Albán, S.A. de C.V.

ESD 2ra-79-0-M-25-03-09